传奇丝绸之路

柳 江/编写

CHUANQISICHOUZHILU

吉林教育出版社

图书在版编目(CIP)数据

传奇丝绸之路 / 柳江编写. — 长春：吉林教育出版社，2012.6（2022.10重印）

（和谐校园文化建设读本）

ISBN 978 – 7 – 5383 – 8807 – 7

Ⅰ. ①传… Ⅱ. ①柳… Ⅲ. ①丝绸之路 — 青年读物②丝绸之路 — 少年读物 Ⅳ. ①K928.6 – 49

中国版本图书馆 CIP 数据核字（2012）第 116031 号

传奇丝绸之路

CHUANQI SICHOU ZHI LU

柳 江 编写

策划编辑	刘 军　　潘宏竹		
责任编辑	付晓霞	装帧设计	王洪义
出版	吉林教育出版社（长春市同志街1991号　邮编 130021）		
发行	吉林教育出版社		
印刷	北京一鑫印务有限责任公司		
开本	710 毫米 × 1000 毫米　1/16	印张 10	字数 127千字
版次	2012 年 6 月第 1 版	印次	2022 年 10 月第 2 次印刷
书号	ISBN 978 – 7 – 5383 – 8807 – 7		
定价	39.80 元		

编　委　会

主　　编：王世斌

执行主编：王保华

编委会成员：尹英俊　尹曾花　付晓霞

　　　　　　刘　军　刘桂琴　刘　静

　　　　　　张　瑜　庞　博　姜　磊

　　　　　　潘宏竹

　　　　　　（按姓氏笔画排序）

总 序

千秋基业，教育为本；源浚流畅，本固枝荣。

什么是校园文化？所谓"文化"是人类所创造的精神财富的总和，如文学、艺术、教育、科学等。而"校园文化"是人类所创造的一切精神财富在校园中的集中体现。"和谐校园文化建设"，贵在和谐，重在建设。

建设和谐的校园文化，就是要改变僵化死板的教学模式，要引导学生走出教室，走进自然，了解社会，感悟人生，逐步读懂人生、自然、社会这三本大书。

深化教育改革，加快教育发展，构建和谐校园文化，"路漫漫其修远兮"，奋斗正未有穷期。和谐校园文化建设的研究课题重大，意义重要，内涵丰富，是教育工作的一个永恒主题。和谐校园文化建设的实施方向正确，重点突出，是教育思想的根本转变和教育运行机制的全面更新。

我们出版的这套《和谐校园文化建设读本》，既有理论上的阐释，又有实践中的总结；既有学科领域的有益探索，又有教学管理方面的经验提炼；既有声情并茂的童年感悟；又有惟妙惟肖的机智幽默；既有古代哲人的至理名言，又有现代大师的谆谆教诲；既有自然科学各个领域的有趣知识；又有社会科学各个方面的启迪与感悟。笔触所及，涵盖了家庭教育、学校教育和社会教育的各个侧面以及教育教学工作的各个环节，全书立意深邃，观念新异，内容翔实，切合实际。

我们深信：广大中小学师生经过不平凡的奋斗历程，必将沐浴着时代的春风，吸吮着改革的甘露，认真地总结过去，正确地审视现在，科学地规划未来，以崭新的姿态向和谐校园文化建设的更高目标迈进。

让和谐校园文化之花灿然怒放！

本书编委会

目 录

上篇　陆上丝绸文明

第一章 丝绸之路的缘起

一、世上有这样一条路

"地上本没有路，走的人多了，也便成了路。"——鲁迅

丝绸之路，简称丝路，是指公元前202年至公元8年间，由张骞出使西域开辟的以长安（今西安）为起点，经甘肃、新疆，到中亚、西亚，并联结地中海各国的陆上通道（这条道路也被称为"西北丝绸之路"，以区别日后另外两条冠以"丝绸之路"名称的交通路线）。因为通过这条漫漫长路进行贸易的货物中，丝绸制品的影响最大，尤其是中国的丝绸最具代表性，故得此名。其基本走向定于两汉时期，包括南道、中道、北道三条路线。

丝绸之路不仅是古代亚欧互通有无的商贸大道，还是促进亚欧各国和中国的友好往来、沟通东西方文化的友谊之路。历史上一些著名人物，如出使西域的张骞、投笔从戎的班超、西天取经的玄奘，他们的一些故事都与这条路有关。自从张骞通西域以后，中国和中亚及欧洲的商业往来迅速增加。通过这条贯穿亚欧的大道，中国的丝、绸、绫、缎、绢等丝制品，源源不断地运向中亚和欧洲。因此，希腊、罗马人称中国为赛里斯国，称中国人为赛里斯人。所谓"赛里斯"即"丝绸"之意。19世纪末，德国地质学家李希霍芬将张骞开辟行走的这条东西大道誉为"丝绸之路"。

这条大道，曾把占世界陆地总面积三分之一的亚欧大陆联结起来，曾把人类古老的黄河流域文化、恒河流域文化、古希腊文化、波斯文化联结起来。

这条作为古代东西方交通要道的"丝绸之路"，其大段路程，须通过漫无边际的戈壁沙漠、渺无人烟的荒滩草原、汹涌奔流的江河、野兽出没的山岭……那时候没有先进的科学技术和交通工具，完全依靠骑马或牵骆驼去踏勘，其辛苦和艰难程度可想而知。古代的汉族人民、西域少数民族人民以及中亚、西亚各国人民，不畏艰险，一段段探察，然后一段段联结，共同创造了这人类文明史上的奇迹，充分显示了人类寻求和平与发展的愿望和战胜困难、征服自然的能力。

这条从长安（今西安）西行达地中海东岸的古代商路，是一条对中外经济、文化交流起过特别作用，产生过重大影响的国际通道。中国汉民族与西域各少数民族以及各国人民之间，在这条路上往来不绝，友好相处，书写了传颂千古的美丽诗篇。

这条闻名世界的商路，东从西汉首都长安开始，穿过河西走廊和塔里木盆地，跨越帕米尔高原，然后经过现在的乌兹别克斯坦、土库曼斯坦，到达阿富汗、伊朗，直抵叙利亚和黎巴嫩，全长7000多千米。从地中海东岸的港口，还可以由海路西达埃及和欧洲。丝路的中国部分是整个道路的东段，这条路在中国境内长达4000千米，占全程一半还多。

丝路的中国路段，在汉、唐时代，是中国的著名地区，许多重要历史人物在这里活动过。在这个地区，各种文物和历史遗存十分丰富：一片片闪烁不朽艺术光彩的石窟，一座座内涵深邃的寺庙，经历了一个个王朝修了又修的长城，铭刻下刀光血影的激战和动人的英雄传说的关隘，至今仍显示着顽强的生命力或已被时间的流沙销蚀得无影无踪的城堡，仿佛依然鸣响着马蹄、驼铃和喧闹人声的驿站、渡口、道路……

　　古时候，包括汉、唐盛世，人们在这条路上走啊走，"使者相望于道"，却从来没有用过"丝绸之路"这个切合实际而又美丽的名称。到了 19 世纪末，先后 7 次来中国旅行的德国地质学家、柏林大学校长李希霍芬，第一个把这条大道称作"丝绸之路"。过了一段时期，又有一位德国学者写了一本专著，书名就叫《丝绸之路》，从此，这个又准确、又形象、又好记的名字便不胫而走，慢慢地被人们公认了。

二、令人惊叹叫绝的中国丝绸

要说"丝绸之路"，当然首先应讲到中国丝绸。

史料记载：约公元前20世纪，也就是夏禹时代，中国已经会养蚕、缫丝，制造丝线、丝带和帽子；到了约公元前11世纪，也就是殷商晚期，中国蚕丝已普遍生产，会织造华美的暗光绸和多彩的刺绣了。在战国时期，中国的丝和丝织品已经成为世界的著名特产了。

在古代，丝绸不仅是贵重商品，而且是传播友谊的礼物。据说，公元前10世纪，周穆王游西域时，曾向各族酋长赠送丝帛，单单赐给西王母的锦就达500米，而丝绫则有1500米；隋炀帝把信义公主嫁给曷娑那可汗时，就赐送彩锦上万匹……

丝绸，在人类历史上经久不衰，在漫长的时间的河流里，它始终是象征着高贵和文雅的不落风帆。

日本的皇后每年春季都要在皇宫里养蚕。

泰国的王后要亲自主持皇宫里举办的丝织课程。

俄国叶卡捷琳娜二世结婚时穿的是丝绸礼服。

圣马力诺国家元首在接受权力举行大典时，必须穿黑丝绒背心。

印度妇女结婚时都披丝绸"纱丽"。

教皇朱利叶斯二世授予他的瑞士军团的军旗，是用原丝绸做成的。

1110年，挪威国王远征金角湾和君士坦丁堡时，乘坐的航船是用丝绸做的风帆。

日本人最高贵的服装是丝绸和服。

美国里根总统夫人在访问中国的答谢宴会上，穿的是丝绸旗袍。

......

西方史书记载：公元前 1 世纪，古罗马的恺撒大帝有一次穿着中国的丝绸袍去看戏，被在场的大臣们看见了，那丝绸耀眼的光泽和美丽的色彩令所有人惊羡。一时，大家都顾不得看戏了，纷纷把目光投向新奇的皇服。在这之后，人们都竞相效仿，千方百计买到丝绸，制作衣袍，穿在身上，以显示华贵。到公元 2 世纪下半叶，中国丝绸的价格在罗马市场上昂贵无比，上等丝料每磅竟值 12 两黄金！

中国最先为世人所知，竟因为丝绸。早在公元前 4 世纪，也就是中国的战国时期，希腊史学家克泰夏斯，在他的著作《史地书》中最早应用了"赛里斯"这个词，本意是"制丝的人"，以后被引申为"丝之国"，指的就是中国。公元 150 年前后，希腊地理学者托勒美，曾有著作记述马其顿商人梅斯所派遣的代理人，从幼发拉底河到东方经商时，曾到过中国。他称中国为"赛里斯"国。当时中国出产的蚕丝名扬四方，"赛里斯"便成为中国的代称。

神奇的中国丝绸让整个世界惊叹不已。阿拉伯一本游记中叙述这样一个故事：阿拉伯一位商人在广州拜见一位唐朝官员。忽然，他惊异地看到了这位官员胸口上的一颗黑痣，他自以为是地说："我很奇怪！为什么你身上的一颗痣能透过两层衣服看得出来？"唐朝官员听后哈哈大笑，忙拉起衣袖让商人看。原来这官员穿的不是两件，而是五件绸衣。这使那商人目瞪口呆，他惊叹世界上竟有如此精细而轻薄的丝绸织物！

中国丝绸被古代外国人赋予了太重的神秘色彩，以至仅凭道听途说就对中国丝绸的生产做出可笑的描述，甚至说："丝产于树上，取出后湿之于水，理之成丝……"还有的干脆说丝绢是由"竹叶制成"的。

中国丝绸到了汉代曾达到一个高峰。汉代政府十分重视蚕桑丝织，为了发展蚕桑生产，专门设置了"蚕官令丞"的管理机构，到了蚕事月份，都城的东西南北四门大开，通宵达旦，便于群众采桑养蚕。对于丝织手工业，更是重视，除了民间丝织以外，官府在京城长安设立了"东织室"和"西织室"，在外地还设立了"三服官"。这些机构都拥有数千名织工，专为王室织制上等丝织品。西汉末年著名文学家扬雄在他的《蜀都赋》中描述过当时的丝织盛况。他说，成都地方的人们，挥起手腕来织锦，或展开布帛来刺绣，简直就像丛生的芒草，无边无际。这些人能织出奇妙的锦缎，花色品种又异常繁多。

唐代丝绸是中国丝绸的又一座高峰。唐代政府特别鼓励蚕桑丝织。唐朝曾推行的"均田制"和"租庸调制"两项制度，都与蚕桑丝织有关。在"均田制"中规定每个男子给百亩田地，但其中必须有 20 亩用来植桑。在"租庸调制"中，规定"调"是向群众征收丝织品，"庸"是农民可以用交纳绢帛的办法以代替服劳役。在这样的制度下，唐代的蚕桑丝织业有了强大的动力。

中国丝绸就是这样一代代流传、发展下来，不仅赢得了国内人民的喜爱，也引起了中亚、西亚和欧洲人民的极大兴趣。一位罗马作家说："丝国（即中国）制造宝贵的花绸，它的色彩像野花一样美丽，它的质料像蛛网一样纤细。"

早在公元前 4 世纪，中国丝绸就通过馈赠、交换，传到了西域和希腊、罗马等国，一条横贯亚洲、通往欧洲的陆路交通大道，从汉唐时期开通了，中国丝绸源源西运……

三、古诗中的丝绸

充满生活情趣的蚕桑劳动和充满诗意的美丽丝绸，激发了民间歌手和诗坛名家的创作激情，2000 年来，不知有多少歌颂蚕桑劳动、赞扬美丽丝绸的诗篇问世！

《诗经》是我国西周到春秋时期著名的诗歌总集，那里面有相当多的作品，给予我们丰富的蚕桑丝绸知识。在《豳风·七月》中：

七月流火，八月萑苇。

蚕月条桑，取彼斧斨，

以伐远扬，猗彼女桑。

七月鸣鵙，八月载绩。

载玄载黄，我朱孔阳，为公子裳。

这是周代蚕桑丝绸劳动的逼真写照和生动图画。

在《郑风·将仲子》中，有"将仲子兮，无逾我墙，无折我树桑"，即"那个捣蛋的小二哥呀，你不要来跳我的墙，也不要来折我的桑"的句子，透出了当时家家户户房前屋后零星栽桑养蚕的信息。

《郑风·出其东门》中：

出其东门，有女如云。

虽则如云，匪我思存。

缟衣綦巾，聊乐我员。

出其闉闍，有女如荼。

虽则如荼，匪我思且。

缟衣茹藘，聊可与娱。

大意为：信步走出东城门，美女熙熙多如云。虽然美女多如云，没有我的意中人。只有白衣绿佩巾，才能赢得我的心。信步走出城门外，美女熙熙如茅花。虽然美女如茅花，没有我的意中人。只有白衣红佩巾，才能同我共欢娱。

唐代诗歌是我国古典诗歌难以逾越的高峰。唐代著名的大诗人，如李白、杜甫、白居易、李贺、李商隐、杜牧、元稹、温庭筠等，都曾用他们的生花妙笔写过丝绸。

李白在《乌夜啼》中，有"机中织锦秦川女，碧纱如烟隔窗语"那样脍炙人口的句子，把唐代女子织锦的情景，写得朦胧可见。

杜甫在《太子张舍人遗织成褥段》中，有"客从西北来，遗我翠织成。开缄风涛涌，中有掉尾鲸"那样气势不凡的句子。太子舍人张某送给杜甫一条锦褥，他认为这是奢侈品，不曾接受。这装有名为"织成"的色彩华丽的丝织物的包裹一打开，立刻仿佛如有风吹得波涛汹涌，鲸鱼在水中掉尾搅动之感！唐代这用于赠礼的锦织的床褥，简直是辉煌灿烂的宝物！

白居易有一首题为《缭绫》的诗，对最费工力的一种丝织品——缭绫的生产过程做了细致的描绘，反映了"越溪寒女"和"汉宫姬妾"不同的生活状况，写得深入浅出、雅俗共赏：

缭绫缭绫何所似？不似罗绡与纨绮。

应似天台山上明月前，四十五尺瀑布泉。

中有文章又奇绝，地铺白烟花簇雪。

织者何人衣者谁？越溪寒女汉宫姬。

去年中使宣口敕，天上取样人间织。

织为云外秋雁行，染作江南春水色。

广裁衫袖长制裙，金斗熨波刀剪纹。

异彩奇文相隐映，转侧看花花不定。

昭阳舞人恩正深，春衣一对直千金。

汗沾粉污不再着，曳上踏泥无惜心。

缭绫织成费功绩，莫比寻常缯与帛。

丝细缲多女手疼，扎扎千声不盈尺。

昭阳殿里歌舞人，若见织时应也惜。

唐代缭绫的精美奇绝，在白居易诗中得到了艺术的体现。在这位大诗人的另一首诗《红线毯》中，对当时的高级丝织品——红线毯，有精致的描画："红线毯，择茧缲丝清水煮，拣丝练线红蓝染。染为红线红于蓝，织作披香殿上毯。……彩丝茸茸香拂拂，线软花虚不胜物……"

我们从古代诗歌的佳词丽句中，看到了耀眼的丝绸之光，品味到古代蚕桑丝绸业兴旺繁荣时期的人民生活情趣。

四、最初的丝路繁荣

司马迁在《史记》中只记录了张骞通西域的见闻和各国概况，却没有把张骞西行的具体路线记下来。后人根据他的足迹所至，勾画出张骞通西域的路线图。李广利伐大宛，《史记》说他经过轮台，我们才能断定他是沿着塔里木盆地北边西行至中亚费尔干纳盆地的。

在班固的《汉书·西域传》中，第一次记载了西汉丝绸之路的具体路线："自玉门、阳关出西域有两道。从鄯善傍南山北，波河西行至莎车，为南道，南道西逾葱岭则出大月氏、安息。自车师前王庭随北山，波河西行至疏勒为北道；北道西逾葱岭则出大宛、康居、奄蔡焉。"

翻开历史地图，我们发现虽然经过两千多年，丝绸之路却基本没改过道。所谓南道，就是由阳关（今敦煌）出发，经鄯善（今若羌）沿塔里木盆地南边、昆仑山北麓，沿途经且末、于阗、和田、皮山至莎车，上葱岭（帕米尔）至塔什库尔干，再经瓦罕走廊进入中亚。北道则由阳关至车师前王庭（今吐鲁番）南下至尉犁（今库尔勒）、龟兹（今库车）到疏勒，走的是天山南麓和塔里木河北边，再翻越帕米尔高原进入中亚锡尔河、阿姆河流域地区。

这两条路今天依然是南疆的交通干线，并不是由于人们喜欢遵循前人的脚步，而是受自然地理环境所限制。在塔克拉玛干沙漠周围，分布着大大小小的绿洲。它们是依靠冰川融雪汇成的河流维持的。水流到哪里，哪里就有生命和绿色。在古代西域，一块绿洲往往就是一个小国。如果河流改道或枯竭，流沙渐渐覆盖过来，这个国家就会变成一片废墟。绿洲与绿洲之间隔着几天的路程，丝路上的商队就这样一站站地向前行进。丝绸之路的开拓，给沿路的西域各国带来了繁荣。过往商队的住宿补给站，逐渐形成了各自的市场，收贸易之利。

中国丝绸的历史，源远流长。我们都知道早在西汉，中国丝绸织造已经达到了很高的水平。20世纪70年代在长沙马王堆汉墓出土了大批精美的丝织品，其中一件"素纱禅衣"长1米多，轻盈透明，重量竟不足1两，令人叹为观止。同时出土的其他彩帛刺绣，也精致华贵，充分体现了古代劳动人民的聪明才智。

沿着这条路，丝绸由中国流传到中亚乃至欧洲大陆，成为当时最受人们喜爱、最时髦、最名贵的纺织品，并且历久不衰，贩运丝绸也成为一项利润丰厚的商业活动。在汉唐千年丝绸之路上，丝绸始终是主要商品，在中外贸易中占有最重要的地位。

早在丝绸之路开通之前，中国丝绸就已通过匈奴人转手到中亚。西汉初年，实行和亲政策，汉帝每年都送给匈奴单于大批丝绸。同时，在北部边界进行互市交易，向匈奴人提供粮食和日用品。匈奴人是游牧民族，平时以渔猎和畜牧为生，手工业的制作远远不能满足自身的需求。因此，匈奴需要以皮毛和牲畜换取中原的农产品和手工业品。蒙古学者从对漠北的匈奴贵族墓葬的发掘中看到：墓葬中出土的大量中原器物（铁器、铜器、陶器、木器、漆器、石器、工具、黄金首饰、服饰等等），说明汉族与匈奴的互市贸易量相当大。但是匈奴人骑战马、着皮衣，丝绸长袍实在是一种不实用的奢侈品，一位匈奴官员曾指责匈奴贵族穿绸衣既不能御寒，在战马上又容易撕裂，担心匈奴人穿了绸衣会奢侈腐化，丧失征战的能力。这个例子从反面证实，丝绸在匈奴贵族中是相当流行的，他们将丝绸作为一种贵重物品，并转手与西亚民族进行交易，牟取利润。

蒙古乌兰巴托诺颜山的匈奴墓葬中出土了三幅珍贵的刺绣作品，底子是毛织品，上面绣着树木、动物和骑士的图案，形象生动，风格则有希腊艺术的影响。这说明，纺织品的贸易是相互的，在汉朝人开辟西域丝绸之路的同时，匈奴人也开辟了一条草原丝绸之路，与中亚和西域各国进行贸易。

张骞在中亚游历过程中，发现当地人喜爱丝绸胜过黄金和钱币。于是，出使西域的中国人都带着丝绸去与当地人进行实物交易，再把西域特产带回中国。正如"丝绸之路"的名称，在这条逾7000千米的长路上，丝绸与同样原产自中国的瓷器一样，成为当时一个东亚强盛文明的象征。各国元首及贵族曾一度以穿着中国丝绸、家中使用瓷器为富有荣耀的象征。与此同时，中外物质文化交流变得更加丰富多彩了。

第二章　悠悠丝路传奇

一、嫘祖的传说

中国蚕桑丝绸的历史，远比人们熟知的中国四大发明——火药、指南针、造纸术和印刷术，要古老得多，但究竟中国丝绸是什么时候诞生、是怎样诞生的呢？

传说，在远古时代，有一个叫华族的部落，他们居住在黄河中下游地区，过着以兽皮、羽毛、树叶蔽体的生活。有一次，这个部落的酋长——黄帝的妻子嫘祖，发现生活在桑树上的蚕，能吐细长柔软的丝，并织成茧，把自己裹起来。于是，她受到启发，便教导属民养蚕，织绸，制衣御寒。

另外还有一种传说更加神奇美妙，说是在 4700 多年以前的远古时期，春暖花开的季节，有一天，黄帝轩辕氏的皇后西陵氏——嫘祖，在女侍们的簇拥下，来到御花园散步，抬头看见一位仙女飘飘地从天而降，移着轻盈的脚步缓缓而行。忽然，晒在庭院里的马皮飞来，裹着仙女腾空上树，化为头似马面、身材细长的"虫"，吐出闪亮的细丝，结成丰满的白色果实。谁也弄不清这是什么东西，外形很好看，还散发着一股馨香！皇后嫘祖命令一个小侍女爬上树去，逐个地采摘抛下，恰好有一个扔到侍女为皇后捧着的盛热水的杯里。侍女很着急，怎么办呀？皇后命那个侍女从热水杯里把那白色果实捞出来。没想到，从杯里捞出的却是一缕纤细的丝，又细，又长，又光滑，又轻盈，又柔韧。捞啊捞啊，总也捞不断。这情景把皇后和侍女们都看得着迷了，皇后命侍女们把这些白色果实都摘下来，带回王宫，放到热水里抽出丝来，然后又用灵巧的双手织成美丽的丝织品。皇后把它做成衣服，穿在身上，既轻盈又舒适，顿时令人感觉像天仙一样美丽。黄帝看了惊喜之极，就把这种白色的果实叫作"茧"，把结茧的虫叫作"蚕"，蚕吃的叶叫作"桑叶"，从茧抽出的纤维叫作"丝"，用丝织成的织品叫作"绸"。黄帝一声令下，组织起一批人来，由皇后亲自训练，教他们栽桑、养蚕、缫丝、织绸的技术。从此，丝绸就降临人世了！

这个故事，一些中国古籍书上都有记载，在历代农书上一再复述，几乎成了经典的传说。

若是用现代科学的眼光来看，这个故事因为过于完美而不完全可信。从蚕到茧，从茧到丝，从丝到绸，从绸一直到印染和整理……这么多的工序，不可能由一个人在短短的时期内创造出来，特别是远古时代生产工具极为落后，每一道工序的递进，都需要一个漫长的历史过程。但嫘祖的故事之所以能够流传下来，也是反映了古代人民的一种愿望。相传，轩辕氏黄帝是我们中华民族的始祖，中华民族素有"男耕女织"的传统。在后人的想象中，黄帝教给我们耕种，自然而然地便把"女织"的首创权和施教的功劳，推到了黄帝的妻子嫘祖身上。嫘祖不仅非常伟大，非常可亲，非常聪慧，而且她已经不再是一个普通的个人，而是勤劳、聪敏的中国古代妇女的一个象征。

我国考古学者曾在山西夏县新石器遗址中，发掘出一个经过割裂的大半个茧壳化石；同时出土的，还有与纺织有关的古制纺轮、纺锤、骨针、骨锥等；在江苏省吴县新石器时代遗址出土的黑陶器上，发现有绘着蚕纹的装饰；在浙江余姚县新石器遗址中发现了两只骨器——牙雕小盅，盅的外壁一圈刻有编织纹和蚕纹图案，同时还出土了较原始的一整套纺织工具——土木制和陶制的纺缚、打纬木刀、引纬用的管、骨针、骨刀和绕丝棒等；在浙江省吴兴县新石器遗址中，发掘出了一批安放在竹篮中的纺织品，其中有绢片、丝带、丝线等丝织物。绢片还没有碳化，呈黄褐色。丝带和丝线虽已碳化，但仍有一定的韧性，经科学测定，其绝对年代为距今约 4700 年左右的时间，恰好是"嫘祖养蚕"传说的黄帝时代。

"丝绸之路"，顾名思义，先有丝绸后有路。如果我们把"丝绸之路"的开辟时间确定在张骞出使西域的公元前一个多世纪的话，那么，中国丝绸诞生的时间，至少比"丝绸之路"开辟的时间早 2000 年！正是中国的丝绸之光，照亮了人类的新石器时代。

二、张骞出使西域

早在战国时代，甚至更远一些时候，就有中国丝绸从我国西部陆路传到国外去了，但是，真正大规模地、完整地把这条路打通，是在西汉时期张骞出使西域以后。

张骞被称为"开拓古丝路的伟大先驱者"，他是一位传奇式的历史人物。张骞是陕西汉中的城固县人，原在宫中担任"郎"的官职，也就是皇帝侍官，他为人和善亲切，处事顽强果断，善于动脑筋，平素对匈奴和西域的情况做过研究。他奉汉武帝之命，率领百余个随从，从陇西出发，去完成"通西域"的重大使命。这百余人，多数是下级军官、士兵和贫民。其中有个叫甘父的，本是匈奴人，在战争中被俘，成为堂邑县一个贵族家里的奴仆，所以人称他"堂邑父"。甘父是匈奴掠夺战争的受害者，他痛恨匈奴统治者。由于他有着惊人的射箭技巧，便被释放参加了汉军，在"通西域"的过程中，成为张骞的忠实助手。

公元前138年，这支百人队伍从长安出发，张骞持一根七尺多长的竹竿，上面挂着三把牦牛毛，表示着皇帝使臣的身份，走在前面。他们经过甘肃南部的陇西郡，渡黄河后悄悄进入河西，想按照汉武帝的计划，通过河西的匈奴地区，去西域寻找月氏国。

当时我国西北部，有一个古老的游牧民族——匈奴。汉初，它还处于奴隶制社会，"以杀戮为耕作"。奴婢是贵族的财富，而奴婢的来源主要是俘虏，获得俘虏的途径是战争、掠夺。匈奴统治者经常派遣大批人马入侵中原，不但汉族人民深受其扰，就连塔里木盆地周围的"三十六国"也不能幸免。其中有一个在伊犁河流域游牧的大月氏族，原来位于敦煌和祁连山之间，一再为匈奴族所侵害，国王也被匈奴杀害，还把国王的头当作喝水喝酒的家什，因此，大月氏与匈奴两族结下了"世仇"。汉武帝得到有关大月氏急于报仇的传言，恰好也正为匈奴不断地侵扰发愁，就想联合大月氏，一起攻打匈奴。这就是汉武帝派遣张骞去西域的目的。

从京都长安到大月氏约有一万多里的路程，匈奴浑邪王和休屠王分别控制着来往要道。强寇出没无常，一路十分艰险。张骞一行，一路上昼伏夜行，加倍小心提防匈奴的明攻暗袭。但是，当他们刚刚走出甘肃临洮，便因迷路被大队匈奴骑兵掠去，直送交匈奴王廷。单于质问张骞一行去向，张骞答出使月氏。盛气凌人的单于追问："月氏在匈奴北面，汉使怎么可以越匈奴境而前往呢？如果匈奴去汉的南方吴、越之地，汉朝会让路吗？难道也准许越境吗？"张骞对答不卑不亢，没有用投降变节换取屈辱的荣宠。因此，匈奴扣留了张骞十余年。他被迫娶了匈奴女子，并且有了孩子，但他始终不忘自己的使命。单于死后，匈奴内乱，对张骞的监视日渐疏忽，张骞趁机邀集部下，逃出匈奴的控制，凭着仅有的干粮和水，继续向西寻找大月氏，以求完成通西域的使命。沿途风餐露宿，饥渴交加，幸好甘父和个别随从人员箭术很精，射击些野兽给大家充饥。他们历尽千辛万苦，经过姑师、龟兹到达大宛（今乌兹别克斯坦共和国费尔干纳一带）。大宛国很早就想与汉朝通使，但始终未达到目的，对张骞的到来，十分惊喜，于是盛情款待，并仔细询问汉朝廷的近况。大宛国派出了翻译、向导，护送张骞一行到达康居（今阿姆河以北，咸海与巴尔喀什湖之间），康居国又派人护送他们到大月氏。

张骞到达月氏时，前月氏王妻已继承了王位，建立了王朝，并已由游牧发展到农耕，在中亚一带定居，地饶国富，生活安乐。他们对张骞十分友好，但已没有当年对匈奴复仇的誓愿。张骞等了一年多，联合月氏夹击匈奴的计划无法继续推行，这促使他深筹与各国往来的长远之计。他考察了月氏山川地形、城阙市镇和民风习俗；并到月氏臣服的大夏国进行了考察。不久，张骞便决心携妻与甘父返回汉朝。归国途中，他接受来时教训，取南行路线，尽力避开匈奴。不料，在羌中又被匈奴掠去，带上脚镣手铐，做了一年多苦工。张骞原以为这次必死无疑，没想到公元前126年，匈奴老单于病死，匈奴内部为争夺王位发生内战，张骞夫妇和甘父趁混乱时刻，混迹在流散的匈奴残部之中逃回长安。

张骞这次豪迈悲壮的出使，历时13年，同行百人，归来时只有他和甘父两人侥幸生还。他们惊险奇特的经历和所收集的有关西域诸国的风土人情、地形物产和政治军事等情况，震动了长安。在长乐宫中，当张骞把那支七尺竹竿双手奉还汉武帝时，汉武帝很感动，任命他为太中大夫，参谋政务，甘父也荣获奉使君的官职。

张骞的所见所闻，使汉武帝对西域产生极大的兴趣，并想找到一条去西域不受匈奴阻拦的路。为开辟南路，张骞又一次奉命从西南去大夏，他们到达宜宾、昆明一带，探路十多次，费时一年多，终因受阻而未成功。

公元前119年，汉武帝又组织了一个300余人的使臣队伍，携带大量金银财帛及牛羊，任命张骞为中郎将，由他带领，出使乌孙（今天山北路巴尔喀什湖以东、伊犁等地区），企图说服乌孙回到它的故居延居附近，实现"断匈奴右臂"的战略意图。因为乌孙王没有立即做出决定，张骞便派几十名副使前往大宛、康居、月氏、大夏、安息、身毒等国，坚定地推行汉朝从文帝时制定的和亲通商政策。在诸路副使登程后，乌孙派出数十名使节，乘马护送并跟随张骞入汉答谢，乌孙使者十分惊异汉的幅员广大和国库的富有；前往诸国的副使，也都与那些国家的使者到达长安。汉朝廷广散财帛，厚行赏赐，设酒池肉林以供观瞻。从此，汉与西域各国开始了正式往来。不久，通西域成为一种风气，出使者和随员，多者数百，少者百余人，带着国书和丝织品，远道的八九年回来，近道的也得三五年回来。汉与国内各兄弟民族及各国关系很好。

张骞以探险、通商、外交为途径，利用民族间的共同心理，试图开辟民族间的和平与稳定的广阔道路，打破国与国间政治与军事恶性循环的僵局，同时打破狭隘的种族成见，加深彼此间的了解。张骞回汉朝后，官拜大行（主管对外联络），位列九卿。后世人民纪念的，不是他的官位，而是他作为我国古代杰出的外交家，为开通"丝绸之路"，传播中西文明，做出的不朽贡献。

司马迁在他的《史记》里，以"凿空"二字概括张骞通西域的使命与艰辛，是非常精辟形象的。

三、智勇双全的班超

在开通"丝绸之路"的功劳簿上，有一位智勇双全的战将班超，他的名字曾威震西域。

班超生于公元 32 年，其父班彪、其兄班固，都是东汉著名的历史学家；其妹班昭，也是我国古代著名的女作家。班超就是生长在这样一个书香门第，他从小就怀有大志，勤奋读书，曾被朝廷召为校书部兰台令史，在洛阳官府当文书，终日抄抄写写。那时，匈奴经常来犯，边境战事不断，民心不安。班超忧国忧民，投笔叹道："大丈夫应当效法张骞，立功边疆，怎能安于握笔杆的生涯！"左右的人都笑他说大话。班超感叹地说："平庸的人怎么能了解壮士的志向啊！"班超因此成为后世家喻户晓的"投笔从戎"成语故事的主人公。

史料记载，班超的青年时代很不得志，直到 41 岁时，才得到实现宏伟志向的机会。公元 73 年，东汉政府决心恢复中断多年的"丝绸之路"交通，大规模地反击匈奴。班超被明帝任命为假司马，随奉车都尉窦固出击匈奴。班超在战斗中立了大功，窦固认为他才干超群，上报朝廷，正式委派他出使西域。

这时，汉武帝开辟的丝绸之路，在畅通百余年之后中断了。因为自王莽于公元 9 年篡位后改变了对西域少数民族的传统优待政策，民族矛盾加剧，中央政府和西域各国关系日趋紧张，北匈奴又挥师南下，重新控制了西域诸国，人民安乐富庶的生活遭到破坏。西域的状况已经发生很大变化。

班超出使西域的任务，就是要沟通塔里木盆地南北的两条通往葱岭的大道，控制这两条路上的要冲——鄯善和疏勒两国，并帮助这两国和西域各国驱逐匈奴派往的监护者，维护丝路的安全。

班超首先到了鄯善国。鄯善重要的地理位置，使它成为汉、匈争夺西域控制权的战略要点。鄯善国王实行"两面倒"政策，哪面势力强大就倒向哪面。时而与匈奴勾结，杀汉使，破坏丝路交通；时而与汉朝通好，抗拒匈奴，使丝路畅通。班超出使时，是鄯善正与汉为敌的时候，而班超所带的只有36名随从。

鄯善王开始对班超一行接待得还算殷勤，没几天就变脸了，原来北匈奴派来了一个100多人的使团，驻地距班超驻地有30多里。国王倒向了使团人多势强的匈奴一边。班超一行不但很难完成出使的任务，连性命都很难保得住。危急关头，班超当机立断，他说："不入虎穴，焉得虎子！"当晚，他率领36名壮士趁月黑风高，直奔匈奴驻地，包围了匈奴使团。班超一声令下，壮士们有的顺风点火，有的擂鼓呐喊，有的攻杀敌人。匈奴使团的人被杀死30余人，其余的人均被烧死，无一幸免。班超和他的部下却无一伤亡。鄯善王在班超的英勇行为和好言劝说下，归顺了汉朝，还派王子到洛阳去当侍子。

西域诸小国盛传班超全歼匈奴使团的消息，很快班超带领36名壮士就到了于阗。于阗是丝路南道上较大的国家，匈奴派有专使监护。国王特别相信巫师的话，受匈奴贿赂的巫师挑动国王说："天神很不满意你接待汉朝使者，听说汉使有一匹好马，你要赶快杀了它，我好替你祈祷。"于阗王便派人向班超要马。班超耳聪目明，早知道是怎么回事，对要马的人说，必须巫师亲自来取方能给马。巫师来了，班超果断地杀了他，并割下他的头送给国王。国王十分畏惧班超，马上派兵把匈奴使臣杀掉，归顺了汉朝。

紧接着，班超又帮助莎车、疏勒等国驱逐了匈奴使臣。班超的事迹像神话一样在西域各国传诵着。西域各国重新恢复了与中原的政治、经济联系,被阻断 60 多年的"丝绸之路"重新被开通。班超被晋升为军马司,坐镇于阗、疏勒等地,卫护着丝路的安全。

公元 75 年,明帝逝世,章帝即位,北匈奴不断在西域作乱,"丝绸之路"又被迫中断。章帝怕负担不起大量军费,便下令班超撤出西域,关闭丝路交通。这时班超在西域诸国有非常高的威望和信誉,诸国上层和百姓一再挽留班超。疏勒都尉黎弇沉痛地说:"汉使走了,我国又要被龟兹所灭。我们实在不能让汉使走啊!"他看劝阻无效,竟自刎于班超面前,以死劝留;班超回到于阗,于阗王侯以下都在路上啼哭号泣,许多人抱着班超坐骑的脚说:"汉使好比我们依靠的父母,一定不能走啊!"班超深受感动,为了不使西域人民失望,他决定返回疏勒,继续留在西域。后来,他从疏勒出发,联合各国攻龟兹、焉耆,完成了驱逐匈奴统一西域的大业。

为开通丝绸之路,发展汉朝与西域各国人民的友谊,班超整整在西域度过了 31 年。公元 102 年班超 72 岁,回到了洛阳,回来两个月后便与世长辞了。

公元 107 年,西域发生叛乱,班超的儿子班勇出任军司马,子承父志,驱兵西域,彻底消灭了匈奴在西域的势力,平息了叛乱,"丝绸之路"又重新开通。

班超、班勇父子的英雄事迹被一代代人民传诵,他们为打开丝路,发展与西域各国人民的友好关系舍生忘死、英勇献身的精神,将永存史册。

四、汉唐公主远嫁西域

汉唐时代，有一些汉族公主，沿"丝绸之路"西行，远嫁给西域各少数民族的首领，谱写了一曲曲民族团结的颂歌。

传说古代中国的养蚕方法是对外保密的。那时候有一个瞿萨旦那国，这个邦国不懂得种桑养蚕，听说东国（即中国当时的中央政权）会蚕桑，就派遣使者去求蚕、桑种。东国国王没有答应瞿萨旦那邦国的请求，并且严令边关加强盘查，严禁蚕、桑种出口。在这种情况下，瞿萨旦那王想了一个巧妙的主意，向东国公主求婚。正好东国的国王想向西扩大自己的势力，就应允了这桩婚事。瞿萨旦那王让迎娶公主的专使悄悄告诉东国的公主，把蚕桑种子带来，将来好做丝绸的衣服。公主听了专使的话，就秘密地弄了一些蚕、桑种子，放在自己的帽子里。到了边关，别的地方都搜查到了，唯有公主的帽子没人敢搜。就这样，蚕、桑种子就到了瞿萨旦那国。阳春时节，开始种桑；养蚕季节一到，就开始采桑养蚕。刚来时，桑叶不足，蚕还要吃些杂树叶子；几年后，瞿萨旦那国就桑树连荫，蚕宝遍地了。公主颁布了严加保护蚕桑的戒令，还专门建立寺院，供奉最早的桑树和蚕种。这个故事记载在唐高僧玄奘的《大唐西域记》和藏文的《于阗国记》里。

在本世纪初出土的文物中，有一块古代画板，画板上共画了4个人：中间是一个盛装的贵妇，头戴高冕；右侧画着一个人拿着一架纺车，左侧地上放着一个盛满蚕茧的篮子；有一个侍女，左手指着贵妇的高冕。这块画板画的就是公主巧带桑、蚕种，嫁给瞿萨旦那王的故事。

张骞首次通西域时，乌孙是我国西部经常受到匈奴欺侮的一个古老民族。乌孙最早居住在甘肃敦煌一带，后来西迁到伊犁河流域。乌孙盛产良马，富裕人家有几千匹马。《史记》上记载："乌孙王以千匹马聘汉女。"

乌孙王昆莫的父亲曾被匈奴单于杀害。昆莫长大后，想摆脱匈奴的控制，但又不能不经常地提防着。张骞得知这一内情，第一次出使西域时，就曾建议汉武帝，采取与乌孙联姻联盟的政策，以夹击匈奴。第二次出使西域的直接目的，就是想说服乌孙与汉联姻、联盟。当时乌孙内部不和，对汉朝又不了解，畏惧于匈奴的强大，没有答应。但张骞两次出使西域，还是加强了汉朝与西域各国包括乌孙的关系。后来匈奴进一步压迫乌孙，乌孙王昆莫已知汉朝强大，就想求助于汉朝，特派使臣赴汉献宝马千匹，请求迎娶汉公主。汉武帝立即答应，立江都王刘建的女儿细君为公主，嫁给昆莫。狡猾的匈奴单于得知这一情报，也赶忙把他们的一个公主嫁给昆莫。昆莫把汉公主封为右夫人，把匈奴公主封为左夫人，一左一右，想取得平衡。

细君到乌孙后，经常设酒备饭招待乌孙贵族，并把钱币和绢帛赏给他们，她在乌孙受到昆莫的宠爱和贵族们的赞扬。昆莫还仿照汉朝建筑宫室以讨细君的喜欢。可是，昆莫年纪太大，语言又不通，细君对食肉饮浆的生活很不习惯，常常思恋故土，怀念亲人，写了一首《黄鹄歌》：

> 吾家嫁我兮天一方，
> 远托异国兮乌孙王。
> 穹庐为室兮旃为墙，
> 以肉为食兮酪为浆。
> 居常土思兮心内伤，
> 愿为黄鹄兮归故乡。

昆莫自知年老与细君不配，愿将她改嫁给孙子岑陬，这是乌孙的一种习俗，细君想不通，上书朝廷，汉武帝回信道："从其国俗，欲与乌孙共灭胡。"细君以民族利益为重，尊重当地习俗，嫁给了岑陬，生一女后死去。汉朝又立楚王刘戊的孙女解忧为公主嫁给岑陬。岑陬死后，解忧公主又按乌孙习俗嫁给继位的肥王。肥王死后，解忧公主再嫁给岑陬的胡妇所生之子。解忧公主与肥王生三男二女，长女嫁给龟兹，把汉文化带到了龟兹。解忧公主在乌孙生活40余年，回汉时已70余岁。

公元634年，年仅18岁的吐蕃英主弃宗弄赞（松赞干布）登位后，听说吐谷浑王娶了唐朝公主，也派使节入朝请婚，唐太宗没有马上答应。几年后，唐朝一位大将在战斗中被吐蕃俘获。松赞干布决心化干戈为玉帛，释放了唐将，又派大臣禄东赞献黄金5000两，各种宝物数百件，向唐求婚。传说，当时到长安求婚的有5个国家的使臣，他们都带着贵重的礼物，想要娶唐朝公主。究竟把公主嫁给谁呢？唐太宗决定出几个难题，考一考这些使臣，再做最终决定。三次考试，禄东赞都取得了胜利，于是，唐太宗决定答应吐蕃的求婚。这就是传说中的"三难婚使"的故事。公元641年，唐太宗答应将文成公主嫁给他，并让任礼部尚书的太宗的叔父，亲自把公主送到吐蕃。文成公主沿"丝绸之路"西行至青海，松赞干布亲迎于河源。文成公主把汉朝诗书、服饰和大批谷物种子、能工巧匠以及先进的生产技术带到了西藏高原，为发展那个地区的经济文化做出了不凡的贡献。

五、隋炀帝西巡

我国古代许多帝王都重视西域。

公元前220年，秦始皇曾从咸阳出发，过回中宫（陕西陇县西北、陇山北麓），上鸡头山（甘肃境内），达北地（宁夏东南部和甘肃东北部地区）巡视。相传，秦始皇第一次出巡，选择陇西、北地二郡，一是向匈奴表示始皇帝的威力，二是荣归故里陇西。始皇对这次出巡非常重视，文武百官及武士3000多人，组成一个浩浩荡荡的庞大车马队伍。

公元前112年，汉武帝从长安出发翻越陇山，西临祖厉河而还。公元前107年，汉武帝再次从长安出发西巡，路线与第一次相同，他再次西临祖厉河。为了加强西北边防，前后五年内，汉武帝两次巡行陇右。郦道元所著《水经注》有记："汉武帝元鼎五年，幸雍，道逾陇，登空同，西临祖厉河而远。即于此也。"
秦始皇西巡，在张骞出使西域之前；汉武帝西巡，在张骞出使西域之后。

中国历代开明的帝王都注意采取开放措施，让外域使者、商人了解中国的情况，鼓励他们来中国观光、经商。富饶强盛的汉朝，曾吸引安息、大夏、印度等国的大批商人，他们有的以"使者"为名，有的以"朝贡"为名，来长安以及中国各地进行贸易活动，靠中国皇帝的赏赐和中国优待通商的政策，成为富商。

古时候，张掖郡称得上是当时全国最大的国际交易市场，西域各国商人，包括臣属中原的少数民族建立的国家以及帕米尔高原之外的一些中亚国家的商人，到中国来经商，往往都云集于河西走廊中心的张掖。

到了隋炀帝执政时，政策更加宽了，他批准西域和外国商人到东都洛阳通商的要求后，为显示内地的富足，他命令洛阳城内事先装饰店铺街道，到处设立屋帷幕帐，树上也挂上了丝绸，在各店铺里集中了大量珍玩宝物、绫罗绸缎。同时让商人、居民都穿上丝绸衣服；还规定外国商人在饭馆酒店吃喝一律免费……为了通过对外贸易扩大隋王朝的影响，隋炀帝委派亲信大臣、户部侍郎裴矩专驻张掖，掌管与西域诸国通商事务。

裴矩不但是个军事家，还是个外交家、地理学家。他在任职期间，通过各种渠道，走访从各国来张掖的富商大贾，搜集西域有关资料，把西域40多个国家的山川地貌、交通线路、风土习俗、服饰、物产等情况撰写成文，还绘制了西倾山以北、贝加尔湖以南纵横2万里的地图，在序文中专门描述了从河西走廊到西海（地中海与波斯湾）的三条商路。以敦煌为总出发点，分三路向西。裴矩把他编成的《西域图记》二卷，献给了隋炀帝。这是中国史书上所留下的关于"丝绸之路"路线的最早的完整描述。

得到《西域图记》，隋炀帝大喜，并特意亲自听裴矩关于西域诸国情况的汇报。

公元609年，隋炀帝西巡。他从京都到甘肃的陇西，西上青海，然后横穿祁连山，经大斗拢谷北上，到河西走廊的张掖郡。史书上记载：隋炀帝通过祁连山山路时，正是夏历六月，却在高山峡谷里遇见大风雪，不仅兵士冻死了一大半，随从官员也都失散。可见，隋炀帝西巡的经历也十分艰险。在张掖，隋炀帝会见了27国的君主及使臣，并亲自主持举办了规模盛大的国际商品交易会，号称"万国博览会"。为了炫耀隋帝国的繁荣，隋炀帝还下令让河西一带仕女聚集张掖，盛装艳服，夹道迎宾，一时车水马龙，礼乐高奏，歌舞、杂技、戏剧纷纷上演，张掖边城，宛若京都，一时热闹非凡。后来，有一些西域宾王、使者，跟随隋炀帝到了洛阳。隋炀帝又在洛阳端门外大街置设百戏场，为来宾演出全国各地的奇技异艺，灯火通明，彻夜达旦……

隋炀帝在7世纪的中国，成功地举办了规模宏大的经济文化交流的"博览会"，起到了宣传国力和发展对外贸易的作用。

在历史上，隋炀帝是以穷奢极欲而闻名的皇帝，对他在张掖和在洛阳铺张挥霍的政令及做法也多有指责，但他西巡的行动本身，对西域的开发和促进民族间、国家间的贸易，起到了直接作用，特别是他在西巡时，在西域设置了鄯善、且末等郡，大量屯田，有力地保障了"丝绸之路"畅通无阻。

六、意大利旅行家马可·波罗

据史料记载：公元 1260 年，意大利巨商尼古拉·波罗及其兄弟到北京，三年后西归。公元 1271 年，波罗兄弟再次东来，17 岁的马可·波罗随行。同年忽必烈汗改称元朝。

我国元代是"丝绸之路"上旅行活动最繁荣的时期。当时蒙古族兴起，把无数个割据的部落小国都吞并了，东西通路都被打通。为了军事上的需要，成吉思汗和他的子孙们下大功夫建驿站，修驿道。成吉思汗的儿子亲率部属开辟了阿尔泰山道和精河道，架了许多桥梁，对旧道交通设施也做了许多完善的工作。这样就使往来商旅的安全有了保障，同时也减少了旅途中的困难，欧亚大道畅通无阻，东西交往日渐繁荣。当时元代国都大都（今北京），是"万国衣冠"相会的地方。中国的罗盘、活字版印刷术、钱钞、算盘等，就是在这一时期通过来大都的使者、商人、旅行家输入欧洲的。波斯的天文学、僧伽罗国（今斯里兰卡）的药品等，也是这时期传入中国的。

当时来中国的外国王公贵族和国使较多，最著名的要数大旅行家马可·波罗了。

马可·波罗于 1254 年生于意大利威尼斯，他的父亲和叔父，曾周游数国，见多识广，元世祖忽必烈曾亲自接待过他们，他们对中国印象很好，于是第二次来中国时，便把 17 岁的马可·波罗带来了。他们

马可·波罗像

一路跋山涉水，穿过幼发拉底河、底格里斯河流域，越过伊朗、中亚的沙漠地带，翻过帕米尔高原，再东行，经喀什、于阗、罗布泊、敦煌、玉门、额济纳、张掖、武威，抵达元帝夏宫所在地上都，受到忽必烈的欢迎。

忽必烈非常器重马可·波罗，因为这个异国年轻人勤谨好学，懂得蒙语和汉语，知书达礼，热爱中国。那时，马可·波罗的父亲和叔父都在元朝供职，他本人从公元 1275 年到 1292 年，在中国居住了 17 年，除在京城工作外，还时常奉命到各省巡视或出使外国，他几乎走遍了中国每一座名城，曾在扬州任三年总管，还出使南洋，到过越南、爪哇、苏门答腊等地，考察这些国家的民情风俗和经济状况。

1295 年，马可·波罗回到家乡威尼斯。威尼斯与热那亚两城因商业冲突发生战争。马可·波罗参加了威尼斯舰队，1298 年 9 月，在一次与热那亚城的战斗中被俘，拘留狱中。在狱中，马可·波罗结识了一位名叫鲁思梯谦的作家，马可·波罗把他在东方的见闻口授给鲁思梯谦，鲁思梯谦以法文写成了著名的《马可·波罗行记》。这本书叙述了他东行经过的一些国家和地区，记述了元朝初年的政事，描绘了元代北京、西安、开封、南京、镇江、扬州、苏州、杭州、泉州等城的繁盛，对中国的文明程度和丰富的物产大加赞扬。

《马可·波罗行记》对"丝绸之路"上的敦煌、酒泉、张掖、武威等古郡，都有不少记载，还记述了中国印刷术、火药、指南针的神奇，介绍了欧洲以外的新世界。它的出版轰动了整个欧洲，700 多年来，被译成各种文字，有几十种版本，被称为"世界一大奇书"。这本书让欧洲人眼界大开，充满了对东方的向往之情，激起了许多人探求外部世界的热望，从而促进了东西方世界的进一步联系。发现美洲大陆的哥伦布，早年也细心读过这本书。1492 年，哥伦布开始他的著名航行时，本来是想到中国和印度的，他还携带着西班牙国王给中国皇帝的信件，只是意外地到了美洲。可见，马可·波罗的影响多么深广！

第三章 回顾丝路古迹

一、国际大都会长安城

古代长安城，是"丝绸之路"的起点。

长安是西汉初年被定为国都的。当时，刘邦打败西楚霸王项羽夺取天下后，就涉及一个立国都的问题。当时的秦都咸阳因项羽率军屠烧后成了一片焦土，连著名的"阿房宫"也全被焚毁，要改建这座故都作汉的京都实在太难了；而要凭空另建一座新国都，又限于国力难以实现。这样就选择了免遭项羽焚毁的秦始皇离宫之一的"兴乐宫"，做了一些修饰，改名为"长乐宫"，政府官员就在"长乐宫"办理朝政。一年后，在"长乐宫"以西又建造了"未央宫"。两宫间一片旷野，连外城墙都没有。刘邦死后，他的儿子惠帝刘盈继位才开始筑城，到了汉武帝时代，在城内又进行了大规模建设。

汉代长安城，在布局上既保持了中国古城的风貌，又有独创的新意。城内南部、中部和东部是宫殿、官署和高官显贵的府第区，西部和北部是商业、手工作坊和居民区。城四面每边有 3 个城门，共 12 个城门；每个城门有 3 个门洞，与并列的 3 条街道相通，中间是皇帝用的御道，笔直宽广，可并驾 12 轫马车，路两旁栽有杨、槐、松、榆等树木。宫殿区各宫之间还有木构阁道。皇帝在皇宫往来，一般是在阁道乘辇而行，除非重大的礼仪活动，才兴师动众使用御道。当时，长安城人口达数万之众，周围有七个类似"卫星城"的陵县人口也达数万人，可见其人口稠密，热闹繁华。

唐代长安城，成为我国第一个经过精心设计、布局均衡的古代都城，东西南北垂直布局，位于城市中轴线的干道朱雀大街，宽达155米，创古代世界城市建设史的首例，罗马帝国的最大城市的道路最宽只有10余米，希腊雅典城街道宽仅几米。唐代皇帝居住和务政的大明宫是盛唐建筑的高峰，风格华丽，气势浩大，是皇帝议朝政和举行国宴招待外国使臣的地方。中唐时期修建的兴庆宫更为宏伟，唐玄宗曾在这楼上观赏百匹舞马作集体舞，在殿内接见波斯僧人。

唐代长安城拥有人口上百万，其中各少数民族多达一万余家。外国使者纷纷来访，大量外国侨民在长安定居。少数民族居民里，有求学的，有做官的，有搞舞蹈的，有搞音乐的，有搞绘画的……定居的外国人，有的经商，有的从事宗教活动。长安有东市、西市两个贸易中心，外国人多住西市，他们不仅开饭馆、旅店，还开设有外国女人且歌且舞侍酒的酒家，李白在《少年行》诗中，有"落花踏尽游何处，笑入胡姬酒肆中"的句子。

盛唐时，中国与世界70多个国家和地区有友好往来。外国人云集长安，带来了许多外国的风俗习惯和文化。着胡服，吃胡饭，吹胡笛，跳胡舞……成为时尚。波斯人开的"毕罗店"，就是专门卖胡饼的铺子。在内乱中，唐玄宗仓皇出逃，途中饿得没什么吃的，就叫人到市场上去买胡饼。与此同时，波斯骑马打球的运动也传到了长安。外国大量珍禽异兽、名贵草木也传到了长安，巨象、狮子、鸵鸟等，都在郊区的上林苑里饲养，两千余种奇花异木，都在上林苑里栽种。

《大唐新语》里有一段记载：贞观年间，长安城里有人家被胡人所盗，雍州长史杨篡遍查城中胡人，久查不获。经司马参军尹伊指出，长安城里有胡人着汉帽，汉人着胡帽的风气。于是，不光查胡人，也要兼查汉人，不久果然捕获了盗贼。这个小故事生动地记述了当时国际大都会长安城中外文化，包括生活方式、风俗相互交流、相互渗透的情景。

二、丝路起点之一——古洛阳

古洛阳曾是"丝绸之路"的起点之一。

古代，我国称外商为"胡商"。

北魏时，外商杂居中国内地，长期经营买卖。在京城洛阳的永桥以南、圜丘以北，伊、洛二水之间，夹着皇帝出行常走的御道，建有"四夷馆"。

御道东有四馆，叫作"金陵"、"燕然"、"扶操"、"崦嵫"；御道西有四里，叫作"归正"、"归德"、"慕化"、"慕义"。

在这些馆里，分别住着四方的外商。

当时，自葱岭以西，直到大秦（罗马），都有商人来华。其中，在中国买宅留居的就有一万余家，宅第都十分讲究，豪华耀眼。

洛水以南，专门开设了外商市场，叫作"四通市"。许多中国罕见的天下奇货，都可以在这里见到。

到了唐代，来华外商更多，他们的足迹遍及长安、扬州、广州、洪州（南昌），连小小街巷也充满外商，可以想象外商之多。洛阳始终是外商较多的都市。

外商为了聚财，常常以大价钱购买珠宝之类，一买就是上百万、上千万钱。在一些大城市，还有波斯店，类似现在的银行，资本雄厚。

元时，大多数在华外人仍保持着本国本民族的风俗习惯。明初，朱元璋下令，要胡人改汉族姓氏，不许穿胡人衣服。于是，从洪武到永乐数 10 年间，就几乎没有什么仍保持外籍和姓氏的外国人了。

佛教传入，是东汉至北魏时期中国社会生活中的一件大事。

洛阳是中亚僧人进行传教和译经活动的中心，也是佛教在中国流行的重要基地。

佛教是从"丝绸之路"传入的。

相传，汉哀帝时，大月氏使者伊存曾口授《浮屠经》；汉明帝曾派蔡愔到印度取经。蔡愔到印度，除了学佛法，还请到迦叶摩腾和竺法兰两位高僧，用白马载着佛像和经典来到洛阳。明帝为贮藏佛经和款待陪同前来的印度高僧迦叶摩腾和竺法兰，特在洛阳修建了中国第一所寺院——白马寺。

在蔡愔取经之前，上层贵族地主阶级中的博学者，已掌握有关佛教知识。

公元 518 年，北魏孝明帝派宋云出使西域，宋云由洛阳出发，经吐谷浑，沿"丝绸之路"南道，抵达今印度境内。所以说，古洛阳也是"丝绸之路"的一个起点。

三、丝路咽喉——敦煌

古书上说："敦，大也，煌，盛也"，"敦煌"是"盛大"的意思。很早以前，这个地区就有少数民族生活着，后来一些以游牧为生的民族，如羌戎人、月氏人和匈奴人先后占据了这块地方。汉武帝的军队到河西走廊打败了匈奴人之后，就把内地一些老百姓迁移到这里屯垦，从此，敦煌有了农业，开始建造乡村和城市，逐渐成了通往西域的重镇。

公元111年，这个地方第一次用"敦煌"这个名字设郡。汉武帝在河西设置4个郡，敦煌是最靠西的郡，被称作"丝绸之路"的咽喉。从"丝绸之路"出河西走廊，敦煌是必经之地。它是"丝绸之路"东段的终点，从长安到敦煌；又是"丝绸之路"中段的起点，从敦煌到葱岭。如果把守住了敦煌境内的玉门关和阳关，就等于切断了"丝绸之路"，所以史学家说敦煌是"丝绸之路"的总枢纽。

"丝绸之路"从长安起，向西到敦煌后又分为南北两道。北道出玉门关，南道出阳关，一个越过莫贺延迹大沙漠，一个越过塔克拉玛干大沙漠。西来的使臣、商人、僧人以及其他旅行者，通过了大沙漠，通过了玉门关或阳关，进入敦煌，进入了这沙漠中的绿洲，在那里进行休整，呈交公文，带足必要的水和干粮，继续向东行进。有的商人在敦煌就把买卖做成了，也就不再往东走了，收拾收拾，歇息歇息，就往回返了。从长安方向来的人们，到了敦煌就准备足够的饮水和粮草，好过大沙漠呀！

总之，敦煌像一颗灿烂的明珠，闪耀在东来西往旅行者们的心头。

敦煌，是我国古代重要的过境贸易之城，是我国古代国际交通线上的要隘。张骞通西域之后，敦煌成了欧亚大陆上政治、经济、文化交流的一个中心，成了"丝绸之路"上最大的"通商口岸"。

在相当长一个时期里，敦煌都是极为繁荣的，汉、唐时期的敦煌，村坞毗连，鸡犬相闻，佛塔遍地，市场广大。中国大量的丝绸绫绢，通过这里，源源不断地销往西域和欧洲；西域和欧洲的玉器、玛瑙等珍贵的珠宝和奇禽异兽，通过商人在这里汇集，又长途转运到中原。史料记载，古时，敦煌有早、中、晚三个集市，对外贸易十分发达和兴旺。

敦煌绿洲是源于祁连山的党河冲积而成的扇形平原，平均海拔1100米，土地肥沃，气候温暖，年降雨量虽然稀少，但有丰富的祁连山雪水灌溉，既适宜于牧业，又适宜于农业。自古以来，这里除了畜牧业，还盛产小麦、玉米和棉花，再加上日照时间长，昼夜温差大，使得西瓜、甜瓜、葡萄、杏子等瓜果，香甜味美。特别是敦煌的西瓜，又大又甜，很有名气，故敦煌在古代曾有"瓜州"之称。

很早的时候，敦煌曾是很荒凉的地方。汉代从内地移民70万到这里屯田。隋唐之际，这里仍然人口稠密，经济发达。唐天宝年间，敦煌人口为10余万人，这种繁荣的局面一直延续了很长时间。到唐代后期及宋、元时代，由于敦煌几度失陷，敦煌绿洲遭到严重破坏。尤其到了明代洪武年间，西陲边界以嘉峪关为限，把敦煌隔于关外，与西域各国断绝来往后，敦煌更为黯淡，再加上海运的开通、发展，敦煌便从繁华逐渐走向了萧条。

四、驼铃声声丝路行

陆路"丝绸之路"，是从长安出发，经甘肃、青海和新疆而达中亚、西亚的路。这条路在我国西北地区的具体路线大体有北路、中路、南路三条。

北路：从长安出发，经泾河流域的泾川、平凉，过六盘山，向西沿祖厉河而下，在靖远附近渡黄河至武威，沿河西走廊西行。

南路：从长安出发，大致经天水、秦安、陇西到临洮、兰州。这一带，汉代属陇西郡，张骞出使西域、霍去病出击匈奴，都出自陇西郡。

中路：由长安、平凉过六盘山，经华家岭、定西、榆中至兰州，入河西大道。这条路开辟较晚，宋以前静宁至榆中一带是人烟较少的牧区，宋代正式开辟出这条路后，走者极多。

南路自临洮、兰州以西还有几种走法。

第一种走法是扁都口道。由兰州经青海民和、西宁、大通、越祁连山和扁都口，在张掖入河西大道。

第二种走法是走纵贯青海东西，到新疆罗布泊南，入新疆南道的路。因为青海曾属吐谷浑国，史学家把它称为吐谷浑道。

第三种走法是从临洮出发，再由炳灵寺附近的临津关渡河至民和。经西宁、扁都口入河西；或经西宁与青海北至新疆罗布泊南入西域南道。这条路就是曾盛于汉、唐、宋三代的新疆南道通中原的商路。当时许多国使和商人都经过这条道与中国内地往来。

第四种走法是由兰州至青海格尔木、西藏，再入尼泊尔、印度，这条路是在文成公主嫁到西藏之后才有文献记载的。

沿河西走廊西行的北路，要越过一望无际的沙漠戈壁，在这没有路径、没有水草的沙海中，骆驼成了主要的交通工具。

人们把骆驼称为"沙漠之舟"，这种庞然大物待人温驯，像老黄牛一样任人驱赶驭使，俯首听命。

大漠里的驼铃，是"丝路"旅者最动听的音乐。

骆驼有高大健壮的躯体，可以驮负重物；骆驼有大似蒲团的软蹄，可以在流沙里安然行走；骆驼有遮挡着密密睫毛的眼睛，可以在风沙弥漫中识途辨向；骆驼的鼻孔柔软，可以关闭起来防止风沙灌入和水分的大量消耗，十几天不喝一滴水，仍可载物驮人；骆驼有细长的绒毛，可以在沙漠中抗寒御热；骆驼有坚实的牙齿，可以嚼食粗糙的带刺的沙漠植物，如骆驼刺、红柳枝、芦苇、胡杨叶等。

每年三月，母驼开始发情，求偶交配后，怀孕13个月产下一仔，仔驼生下两三个小时便可以站立行走，一天后，便可跟父母漫步戈壁。仔驼生性好斗，常在一起打架。这时母驼长鸣几声，仔驼即散开；如果仔驼不听"警告"，继续打斗，母驼就将胃里的腥臭食物和黏液，随着愤怒的吼叫，雨点般喷出，使仔驼眼睛难睁，只好停战。

唐代敦煌壁画中，浮雕着中亚商人牵着骆驼蹒跚前进，这是丝路上商旅生活的真实写照，想象着那个久远的年代，一峰峰骆驼在沙漠上驮载着沉重的货物，行走自如，如履平地，总是会给人一种信心，一种力量……

五、万里长途馆驿点点

在交通工具极为原始、落后的古代，几千里的"丝绸之路"那是非常漫长的，不是短时间能够走到目的地的。《史记·大宛列传》上说："远者八九岁，近者数岁而反"，可见丝路之遥。

历代王朝，为了方便往来于丝路上的商人、使者和旅行家们的吃饭和住宿，为了保护这些人的安全，在丝路沿线设立了州、郡，驻守了屯田军卒，建立了驿站。

汉代设置酒泉郡，是为了从这里更好地通向西北诸国，路上设了许多亭，供商人、使者歇脚。还有种田的兵卒，打下粮食，生产蔬菜，给过往的商人、使者食用。

西晋时，丝路经过的主要地区鄯善、焉耆、龟兹、疏勒等地的首领都服从西晋，受西晋政府的册封，远在中亚的大宛的首领也不例外。他们在丝路要冲设立关口，发给内地、西域和外国商人类似身份证的证件，当时叫作"过所"。"过所"上面写着持证人的姓名、年龄、面貌特征、服装、族别和国籍。

隋朝时，在丝路要地鄯善、且末、伊吾等郡大量屯田，以保证丝路商人的供应。

唐代，在丝路主要通道安西、疏勒、焉耆、伊吾、高昌等地，都有屯田，以供给士兵、官员和商人食用。

驿道是古代的交通大道。丝路上隔几十里就设一个驿站，那些传递公文、书信的驿使以及商旅人员就住驿站食宿。

我国战国时就有邮驿制度，国家用征发来的役夫，驾上上等马，沿驿道传送公文。汉代改邮为置，"置"就是驿。

"丝绸之路"上置驿，历史十分悠久。汉代开辟了西域的通道之后，就在玉门关以东置驿站，玉门关以西列亭障。障，类似堡垒，据险而立，供军士守备瞭望之用。亭，是行旅宿会之所，是一种综合性的驿馆。唐代有较为完善的邮传制度，在丝路上到处设立驿站，供行人酒肉。

每个驿站都有马骡，多者数百匹，少者十余匹，还有数量不等的轿子和双木轮车。这种双木轮车，被当地老百姓叫作"高台车"，轮子很大，不怕泥泞，也不怕沙漠。

驿站对外宾的接待是友好和隆重的。公元1420年，居住在撒马尔罕的沙哈鲁王曾派他的儿子出访中国。有一本《沙哈鲁遣使中国记》的书，细致地描述了驿站的好客。每天晚上不单单供给饭食，还有床铺、被褥和服务人员。每个驿站里有马驴上百匹，都有华丽装饰，准备给旅客使用。还有轿子五六十辆，每辆需要十几个人才能抬得起来。驿站里养着羊、鹅、鸡，准备着充足的米、面、蜜、酒、蒜、盐、葱、蔬菜……外宾食宿是免费的，或是部分免费的。这样丰富的供给，靠外运肯定是不行的，主要是靠驿站自己生产。

此外，驿道还有军事用途。传递军情的驿使，腰部皮带上挂着铜铃，随带雨具，手持火枪，骑着快马，不分昼夜，风雨无阻地飞跑，夜间就举着火炬，老远就能听到琅琅铃声，快到一个驿站，下一站的驿使便迎上去，迅速往下传送，像跑接力赛的运动员……

六、丝路三大名关

在"丝绸之路"上有许多雄关，据说都是"一夫当关，万夫莫开"的地方，要说最有名的，还是玉门关、阳关，加上一个嘉峪关。

汉武帝为了抗击匈奴，联络西域，加强对河西走廊的控制，在汉敦煌郡龙勒县境，设立了玉门关和阳关。

出玉门关，经伊吾、鄯善、龟兹往北走，就是丝路的天山北路；

出阳关，经安南坝，沿塔克拉玛干大沙漠往南走，越过葱岭再往西走，就是丝路的天山南路。

阳关因坐落在玉门关之南，故得名。两关是雄踞于天山北路和天山南路的咽喉要地，是汉朝西部的边防要塞和交通门户。出了玉门关，就是古人所说的西域了，所以玉门关和阳关，又是"丝绸之路"在甘肃的最后的大型停息站。自西汉以来，许多朝代都把这里作为军事重地派兵把守。多少将士来这里守卫、征战，多少使者、僧人、商人、游人在这里验证过关，又有多少诗人词家写下咏唱这两座历史名关的不朽诗章！

写玉门关的诗不少，佳句颇多，如："玉门关城迥且孤"（岑参《玉门关盖将军歌》）、"孤城遥望玉门关"、"玉门山嶂几千重"（王昌龄《从军行》）……

写玉门关的诗，最著名的一首，是唐代诗人王之涣的《凉州词》：

> 黄河远上白云间，
>
> 一片孤城万仞山。

羌笛何须怨杨柳，

春风不度玉门关。

这首诗写边塞雄关和诗人对戍地的感慨，写出了玉门的荒凉和冷漠。在当时就很有名，列入盛唐代表作，一直被流传下来。

自宋朝以来，因陆路交通日渐衰落，玉门关也倾圮了，现在已找不到它的遗迹了。

写阳关的诗，多数是写它的遥远和荒凉，如："绝域阳关道，胡烟与塞尘。三春时有雁，万里少人行"，抒发了寂寞幽怨的感情。在这些诗里，王维的《渭城曲》以其亲切的真情脱颖而出：

渭城朝雨浥轻尘，

客舍青青柳色新。

劝君更尽一杯酒，

西出阳关无故人。

古人去西域，大都要在渭城停留，送行者就此止步，人们依依惜别。这首诗写出了为远行亲友送别时的激动情绪，因而脍炙人口，诗因阳关而作，阳关因诗而更加闻名。

如今，赫赫有名的阳关已消失得无影无踪，历代战争和大规模的开荒屯垦，破坏了这里的植被和水源，从而造成来自南方的风沙逐渐向东北侵移。人们无法抵挡风沙的侵袭，只有离开这块绿地。大约在宋、辽之后，阳关就被流沙吞没了。这是一个历史性的悲剧。

嘉峪关是后建的，比玉门关、阳关晚很多。公元 1372 年，明代开国勋臣、征西大将军冯胜，追歼元朝在河西的残余势力取胜之后，在西域入贡路必经之地，修筑了一座关城。当时有关无楼，直至公元

1506 年，才修起了东西两座城楼。

嘉峪关距酒泉不足 100 千米，是古代军事建筑的雄伟之作，有内城、外城、瓮城，形成重城并守之势。城垣上有高达 3 层的柔远门、光化门城楼。城内有敌楼、矢楼、角楼等，角楼的楼顶有砖砌的垛口，如高耸的碉堡，远处有烽火台。它位于明长城的西部终点，南连祁连山，北倚嘉峪山、黑山，它因建在嘉峪山西麓一个地势险要的岩岗而得名。

嘉峪关以其精致的工程质量和高超的施工技巧，流传于后世许多佳话。其中有一个"一块城砖"的故事颇为传奇。

据说有一位名叫易开占的工匠，他承揽的工程不仅造形美观，结构严谨，用料也十分精确、节省。他承包嘉峪关工程后，监修官让他算一下需要多少块砖，他经过周密计算后回答："99999 块。"监修官说："如数给你，若多一块或少一块，便砍掉你的头，罚众工匠劳役 3 年！"易开占和工匠们精心施工，竣工后只剩下一块砖，就放在了西瓮城阁楼后檐台上，但还是被监修官发现了，于是要砍易开占的头，罚众工匠做 3 年苦役，还要去搬掉那块砖。易开占灵机一动，说："那块砖可动不得，那是神仙放在那儿的'定城砖'！你若搬掉它，全城便要毁了！"愚蠢的监修官听了便什么话也说不出来了。

玉门关、阳关、嘉峪关，为"丝绸之路"增添了壮美的诗意和雄伟的风采。

七、丝路上的长城雄姿

战国时期，秦、赵、燕三国为了防御北部匈奴游牧民族的侵扰，各自修筑了城墙。秦始皇统一中国以后，把三国的城墙连接起来，并在原来基础上加以扩建成为长城。最初的长城，不经过长城之西的河西走廊。

"丝绸之路"上的汉长城，是汉武帝开通了去西域的道路之后逐段修筑的。为保证丝路的畅通，西汉除了对秦长城修缮外，还把长城向西修筑，经过河西走廊，一直延伸到罗布泊地区；向东修筑，经甘肃北部，横越内蒙古，直到辽东。

明以后的长城，是以砖筑墙。汉代长城，是以土筑墙。但至今，在武威和张掖境内，还能看到汉朝的长城遗址，经历了2000多年的风霜依然存在。因为虽然从外表上看，是土垒的墙，但剖开一看，里面夹着一层层的植物枝杆，经过水分和盐卤的渗透，黄土与植物枝杆牢牢地结为一体，所以这种土造长城异常坚固。

汉长城的修建，主要是为了保护"丝绸之路"，保护这条国际经济文化交流往来的大道畅通无阻，避免遭受北方匈奴的袭扰。在以弓箭、刀戈、矛盾为主要武器的古代，有了坚固的城墙，就可以居高临下，据险固守，特别是用来对付游牧民族的骑兵更显神通。

明朝修筑长城，是为了防御塞外元朝残余势力的南侵和抵抗鞑靼、瓦剌等部的骚扰。明长城西起嘉峪关，东经酒泉、金塔、高台、临泽、张掖、山丹、永昌、金昌、武威、民勤、古浪、景泰、靖远、中卫、中宁、青铜峡、银川、盐池、定边、靖边、横山、榆林、神木等县，市，过黄河进入山西境内，在西北地区长约 2000 千米。

　　"丝绸之路"上的长城，是我国万里长城的西段，它历史悠久、防线漫长，凝聚着我国古代劳动人民坚韧不拔的毅力和高度的智慧，它是人类文明进步的一个象征，也是中华民族勤劳、勇敢、不可征服、不可战胜的一个象征。

八、烽火台的狼烟

在没有长城之前，就有了烽燧。烽燧也称烽火台、烽台、烟墩、烟火台，如有敌情，白天燃烟，夜晚放火，是古代传递军事信息最快最有效的方法，能够起到长城的作用。

公元前 1027 年至公元前 771 年的西周时代，就有了烽燧。在两千多年前交通不发达的古代，烽燧可以称得上是最先进的通信设备了。

这种烽火台，古籍中有记载"十里一大墩，五里一小墩"，设成卒瞭望，一旦发现了敌情，白天就点狼烟，烧狼粪可以冒出大团的黑烟；夜晚就把一把把柴草点着，用辘轳升到十几米高的杆子上，远在十几千米的地方可以看到。狼烟也好，火把也好，一个烽火台点燃，另一个烽火台看见，马上把自己的烽火点着，向下一个烽火台报警，依次相传。这种办法，可以很迅速地将信息传递至远方。敦煌至长安千余多千米，约两三天就可把军情传报到全国的军事指挥部。全国的军事指挥部，接收由各地烽火传来的军情，再报给皇帝。在汉朝，汉武帝经常据此分析形势，下达命令。如果是小股敌人，边防部队自己就处理了，把它打垮就完了；如果是大股敌人进犯，国家发兵或做出决定，如何去对付，都有办法。

当年，昏君周幽王为获得宠姬褒姒的欢心，无故下令点燃狼烟，让那些远在数百里以外的诸侯急匆匆赶来，赶来一看什么事也没有，不过是玩玩而已。等到真的有事了，大敌来犯了，再点烽火，诸侯们就不来了。周幽王的昏庸腐败，导致了西周的灭亡。这个"褒姒一笑失天下"的故事，特别令人深省。

有的烽燧就在戈壁之中，既没有水，又没有土，砌烽火台所用的大量土砖，都是从很远的地方运来的。

一般的长城，高 3 米以上，而烽燧又高出长城数米，每个烽燧都预备一些积薪，堆放在烽燧附近，一层沙土，一层红柳。戍卒攀上燧顶的办法是爬绳索。烽燧下面是戍卒的"生活区"，有草泥抹光的土炕，有土砖砌就的炉灶和灶膛，他们烧的是从沼泽边割来的苇秆、红柳、梭梭、胡杨。如果烽燧附近有河流、湖泊，戍卒就用渔网去捕鱼，或到有林子、草丛的地方去打猎；他们往往用敲打燧石和钻木的方法取火，更多时是吃炒面。

从烽燧的建设和使用，可见历代帝王对"丝绸之路"长通久安的重视。边塞的安宁与丝路的畅通，直接关系到政权的巩固和国家的兴旺。中国境在"丝绸之路"的路段上，曾先后出现过百余座烽燧，白天释放狼烟，夜间释放火光，为途经的驼队和路人指明方向、传递信息，成为古"丝绸之路"的路标及伟大的里程碑。同时，古人是利用烽燧的光和烟来传递信息的，因此说，"丝绸之路"的文化底蕴就在于此。

九、浮沉兴衰的座座古城

为开辟通往西域的走廊，促进中国与中亚、西亚及欧洲的经济文化交流，公元前121年，汉将霍去病在河西走廊严惩匈奴，使西汉政权得以在河西设置酒泉、武威两郡；10年后，也就是公元前111年，汉武帝又在酒泉、武威的基础上增设张掖、敦煌两郡，号称河西四郡。这四郡曾是"丝绸之路"上十分兴盛发达的都城。

酒泉，曾称肃州，它是"丝绸之路"上的交通要冲，是国际贸易的过境关口。它的通塞，直接关系到"丝绸之路"的兴衰。

关于"酒泉"这个富有诗意的地名的来历，有非常美好动人的传说，这个传说与骠骑将军霍去病有关。

霍去病18岁就随侍在汉武帝左右，善骑射，有一身硬功夫。在他率兵西征，于肃州大败匈奴后，大军便驻扎下来。当时，驻地有一眼旺盛的泉水，可供全军人马饮用。汉武帝为表彰霍去病的战功，派遣使者不远千里从京都送来几坛美酒，霍去病不愿独享御赐之酒，他认为功劳属于全体将士，应与全体将士共饮。酒少人多，怎么办？他让人把酒都倒进泉中，泉水即化为美酒，他便可以与将士们开怀共饮。于是，这眼泉便被称作"酒泉"，而肃州这地方也就称为"酒泉郡"了。

酒泉西南是敦煌，西边是伊吾，东面是张掖，北面是又一军事要地亦集乃（今内蒙古自治区额济纳旗）。这种重要的地理位置，使酒泉在汉、隋、唐代，经济发达，商业繁荣。这里的集市贸易，以太阳升起和降落为开始和终止时间。据《沙哈鲁遣使中国记》中记述："肃州城市极大，城墙为四方形，有坚固炮台，市场无幕盖……扫除清洁，时时洒水，尘垢不起……店内羊肉与猪肉并行而挂列。各街均有华丽之建筑物，顶上有木制尘塔及炮眼，用中国漆漆之。"

武威是与酒泉同时设置的古郡，它曾是前凉、后凉和北凉（公元376至419年）等三个短期割据的国家建都之城。它处在"丝绸之路"的要道上，曾是我国西北地区的一个佛教中心。最盛时，武威有十余所佛教寺院。玄奘西行取经路过这里时，曾被邀请讲学一个多月。唐代边塞诗人岑参曾在武威宴请朋友时赋诗道："弯弯月出挂城头，城头月出照凉州。凉州七里十万家，胡人半解弹琵琶。"唐代另一诗人元稹，也曾在诗中写到武威："吾闻昔日西凉州，人烟扑地桑柘绸。葡萄酒熟恣行乐，红艳青旗朱粉楼。"这些名传千古的优美诗句，写出了武威昔时繁荣兴旺的景象和逼真可感的民情民风。

张掖是"丝绸之路"上著名的一大商埠，历史上是兵家必争之地。张掖有一泓清泉，清澄透明，水味甘美，故名甘泉，被称作"河西第一泉"，所以张掖又名"甘州"。很早以前，甘肃有"金张掖、银武威、秦十万"的谚语，就是说张掖、武威、天水是甘肃最富饶的三个地区，而张掖居三富之首。公元609年，隋炀帝亲到张掖，会见西域27国国君、使者和商人，使中外经济文化交流达到了高潮。

敦煌这座古城处于水草丰美的绿洲。"丝绸之路"在新疆境内的三条路线，都是以敦煌为起点的。

除以上"河西四郡"，"丝绸之路"上还有一些古城。如敦煌西面的石城，曾是从玉门关道往还的中外商人的居止之地；如青海的西宁，在古代也是个重要的国际贸易点，从西宁至罗布泊，与著名的新疆南道相接，由南道越葱岭西入印度，这条路线曾一度兴盛，商业活动十分频繁；如原名黑城的霍城，位于焉支山西，这个依山傍河的城堡，大约是当地军事首脑机关的驻地。

在大漠深处，还有一座在历史上有点名气的锁阳城，它在古代对保证丝路畅通、保卫边塞的安全起过重要的作用。

据说，锁阳城原名苦峪城。公元7世纪初，唐太宗李世民命太子李治和名将薛仁贵征西，打到苦峪城中了埋伏，被敌军包围。唐军多次拼力突围均未成功。薛仁贵看到苦峪城周围土地肥沃，水源丰富，便命将士屯田自给，固守城池，因而两军相持不下。几年后，敌军用牛毛、羊毛、骆驼毛和江柳、沙石，在上游堵塞河道，迫使河流改道，苦峪城无水流过，园田枯荒，唐军很快陷于缺粮断草的艰难境地。开国元勋程咬金杀出血路去长安搬兵，苦峪城里将士们挣扎在死亡线上。一天，薛仁贵发现城边长有一种叫锁阳的根可以吃，便让士兵挖来充饥，一直坚持到程咬金带救兵来解围。为纪念这段往事，苦峪城改名为锁阳城。

"丝绸之路"上还有居延、破城子、高昌、交河等一些古城。这些众多的古城，犹如闪闪发光的明珠，镶嵌在"丝路"两侧，尽管有的经悠悠岁月的磨损消失了踪影，可是作为不可替代的明珠，它们依然闪烁在渊渊历史的宝库之中！

十、黄河古渡

从长安去西域，必须踏上通往西域的孔道——河西走廊；而从长安到河西走廊，无论走南线，还是走北线，都得跨越黄河。如果走南线，就从长安出发，经现在的天水、临洮、临夏到永靖，在永靖县渡过黄河，进入青海境，过西宁，再穿过扁都口，进入河西走廊；如果走北线，就从长安出发，经现在的彬县、平凉、固原到靖远，在靖远的红山峡渡黄河去河西走廊。

在古代，由于生产力水平低下，交通工具过于落后，想过黄河，是太艰难的事了。在波涛汹涌的黄河之上，架索修桥，或在湍急的水流里驾驶小舟，要付出怎样的辛劳，面临多大的危险啊！

在"丝绸之路"上，有文字记载的黄河古渡口，就有临津、金城、金城津、鹯阴口、索桥、灵武等多处。

临津渡口在黄河上游的永靖县境内。这段黄河，两岸石山峭立，河道狭窄，被称作"野狐跳"，说是这边岸上有野狐沿山坡跑下来，顺势一跳，就跳到对岸去了。这样的地理条件，为古人在这里渡河、架桥提供了方便。汉代以前这里就有渡口，汉代专门修了临津城，设了临津渡口。据说，张骞出使西域，霍去病西征匈奴，都是从这里渡过去的。

这一带有一个美丽传说，可说明永靖县曾是"丝绸之路"的重要渡口，这是一位外籍年轻僧人与一位汉族姑娘恋爱的一个悲剧。那是多少个世纪以前，有个尼泊尔王子艰苦跋涉到永靖县修行来了。因为他梦见一个高僧指点他到"红土盖山顶，黄河水倒流"的地方去传教。

永靖县恰好是黄河水倒流之处，这里的山顶又确实是由红砂岩构成的，因此他在这个山村住了下来。村子里有个漂亮而又善良的姑娘，每天给在地里干活儿的父亲送饭。她看见那个传教的年轻僧人终日静坐，当苦行僧，就怜悯他，给他送好吃的饭菜，尼泊尔王子对这姑娘充满了感激之情。时间一长，两个人萌生了爱情。这下子把上天惹恼了，于是天崩地裂，把一对恋人活活埋在了山底下。又过了多少年，发生了强烈地震，这一对恋人又重见天日，仍栩栩如生……

在甘肃靖远县，有索桥和鹯阴口两个渡口。

从索桥渡口到下河沿这段黄河谷峻流急，可作天堑防守。索桥渡口原来叫"小口子渡口"，明代在这里架了索桥，因河水猛涨，索桥淹没无存，仍然用船摆渡，就把小口子渡口改名为索桥渡口了。古人说的索桥，是用大船在河面上排起来的浮桥，又叫"船桥"。

鹯阴渡口是靖远县境内的又一个渡口。这个渡口位于祖厉河入黄河口附近。东汉后期，武威地区的一支匈奴部队兴兵攻打汉朝，曹操命令张既率兵数千人速渡黄河，去武威增援。匈奴得讯后，以为汉军可能要从鹯阴渡口过黄河，便在那里埋伏了数千名兵士。张既得知这个情报后，假装从鹯阴渡口进兵，却悄悄地从另外一个渡口过了黄河，直达武威，打了个大胜仗。《三国志》上记载了有关这个黄河古渡的故事。

黄河岸畔的丝路重镇——兰州，在历史上就有好几个渡口。当时最闻名的，是金城和金城津两个渡口。

金城渡口建于西汉。公元前50年前后，西汉大将赵充国，曾数次率兵从这里渡河，北击匈奴，西战西羌，即由此渡河。此后一直是军事要冲。

金城津渡口，在隋代以前只是一个普通渡口。到了隋代，这里设置了关口，金城津逐渐成为历史上中原通往西域的重要渡口。唐僧玄奘西行取经，就是从这个渡口过黄河的。

"丝绸之路"上的黄河古渡，为"丝绸之路"的繁荣以及中外物质文化交流做出了巨大的贡献。

十一、古道明珠——莫高窟

"丝绸之路"上散布着相当多的石窟和石窟寺，分布在祁连山的崇山峻岭和泾水、渭水河谷之中，矗立在交通要隘之上。

仅甘肃省列为省级重点保护的重要石窟就有 17 处之多，其中最著名的是敦煌莫高窟和天水麦积山石窟。此外，还有永靖炳灵寺石窟、安西榆林窟、泾川南石窟寺、王母宫石窟、武山水帘洞石窟、木梯寺石窟、肃南马蹄寺石窟群、文殊山石窟、玉门昌马石窟、庆阳北石窟寺、靖远寺儿湾石窟、甘谷大象山石窟、合水保全寺石窟、莲花寺石窟、华亭石泓寺石窟等。此外，还有若干较小的石窟分布在各地。

这些石窟，都是在丝路畅通之后开凿出来的，都与外来文化有联系，而且都开在"丝绸之路"附近。

石窟寺是佛教的产物，是从希腊和印度传来的一种纪念性建筑。这种壁画和造像艺术传到中国，使中国的绘画和雕刻艺术产生了新的面貌。

莫高窟是我国也是东方最大的石窟群。在敦煌之所以能产生莫高窟等规模宏伟的石窟群，主要是因为在汉、唐时代，敦煌是国际交通要隘和佛教传入中国内地的前哨。在全国处于动荡不安的"十六国"时，敦煌是当时最平静的地区之一，民族文化得以保存，并与外来文化得以交流。

公元 366 年，位于敦煌东南的莫高窟开始开凿，经过前秦、北魏、西魏、北周、隋、唐、五代、宋、西夏、元整整 10 代，将近 1000 年的持续开凿，莫高窟才形成长约 1600 米、重重叠叠、鳞次栉比的壮观景象。如果把莫高窟的彩塑和壁画排列起来，可长达约 25 千米，这是世界艺术史上的一大奇观。

从莫高窟的壁画、塑像所表现的内容，可以直接或间接地看到当时的社会现实，有些是经过艺术创作折射了的。狩猎、耕耘、收割、推磨、春米、捕鱼等劳动场面，婚丧、嫁娶、行旅、作战、行医、剃度、洒扫等社会生活画面，在壁画里都有生动的反映。一些交通和生产工具，如车船、连枷、犁、纺车、织机和一些建筑，如亭台、楼阁、寺塔、宫殿、院落、城池、桥梁等，在壁画中都有描绘。

莫高窟的壁画和塑像，展现了从 4 世纪到 14 世纪 1000 多年间生动的社会历史场景，是古代社会发展、政治、经济、文化、宗教、美术、音乐、舞蹈、杂技、教育、医学、建筑、农业、牧业、交通、民族以及中外人民友好交往的最形象的记录。

我国古代的艺术匠师们，依靠简陋的工具，在阴暗的洞窟中从事最繁重、艰辛的艺术创作。画窟顶，需仰卧执笔；画墙角，要匍匐描绘。匠师们用嘴叼着昏黄的油灯，端着调色的瓦碟，一笔一笔地勾画，一代一代地劳动，终于浇灌出了这佛教艺术之花，为我们留下了这宝贵的遗产。这数不清的艺术匠师们都没有留下自己的姓名，但他们创造出的灿烂的莫高窟艺术，将闪烁着我们民族的骄傲，永存于人类文明的史册！

十二、稀世珍宝——铜奔马

1969 年 10 月，在甘肃省武威县雷台山下一座东汉墓出土的文物中，有一件铜奔马，人称"马踏飞燕"，或"踏燕飞马"，被认定为国宝，保存于北京故宫博物院。

这件铜奔马，一蹄踏燕，三蹄凌空，昂首举尾，体态矫健，气韵生动，呈飞奔状。那只被马蹄踩踏的飞燕，探首回顾，收足展翅，给人感觉好似凌空奔驰的骏马超过了流星般疾速飞翔的燕子，产生一种风驰电掣、瞬间千里的动感，其气势难以抵挡。

在以往的壁画、浮雕或马俑的艺术创作中，为了表现"天马行空"的神速，往往给马背插上一对翅膀，或用祥云瑞雾加以衬托。有的壁画，还用 4 个能飞到天上的人，把马的四蹄捧抬起来……这些作品常常把人带入神话的境界中，失去了逼真的现实之感。这件铜奔马则别出心裁、独具匠心，只轻巧地在一只马蹄下安排了一只飞燕，便奇妙地排除了地面与空间的障碍，解决了造型艺术中重量和速度、想象与现实之间的矛盾，给人造成奔马凌空的崭新意象。

在这件铜奔马出土还不到两年的 1971 年 9 月，它就遇到了"伯乐"。我国著名文学家、史学家、考古学家郭沫若，在兰州观看到这件铜奔马，以他独有的学识和慧眼，当即宣布："天马行空，独来独往，就是拿到世界上去，都是一件罕见的艺术珍宝！"

这件铜奔马在北京展出后，震动了国内外的史学界和考古学界，赢得了国内外观众的赞誉。郭沫若曾泼墨挥笔写下了"四海盛赞铜奔马，人人争说金缕衣"的豪迈诗句。著名诗人臧克家，以他澎湃的激情，创作了《踏燕追风铜奔马》，文章写道："是条神龙，以世界为场所，飞奔绝尘，引人注目，博得喝彩。它是中国灿烂文化的精品，它是优美的艺术杰作，它是中国人民的光荣，它为社会主义大放异彩"。报刊纷纷称铜奔马是"无价之宝"，是"当今世界独一无二的一件瑰宝"。铜奔马出国展出，在日本、美国、英国、法国、意大利、瑞典、奥地利等国家，都获得极热烈的赞美和很高的评价，被誉为"绝世珍宝"、"一颗引人注目的明星"。

铜奔马的诞生与"丝绸之路"的开通，有着重要的联系。

西汉初期，汉武帝刘彻从军事上考虑，多次派使者用大价钱到西域索取良马，并曾为获得良马而动武交战。乌孙马、大宛马、康居马、波斯马、吐谷浑马、突厥马等西域良马，都曾与西汉的良马杂交，产生新的良马。

在"丝绸之路"上，一个个驿站连成一线，走马不断，大都通过处于重要地理位置的武威到达中原。这就是铜奔马创作的社会背景和生活来源。铜奔马出土时，考古人员就发现它的背部及头部留有明显的彩绘痕迹。汉代在殉葬用的铜马或者木马身上描绘图案的现象，在我国西北地区是相当普遍的。这种文饰叫作"云气纹"，是表现在"马神"身上的一种"羽翅"，它能使"马神"腾云驾雾、展翅飞翔。

许多学者、史学家和畜牧专家，对铜奔马进行了考证，认为它应属乌孙马种，或乌孙马与本地良马杂交的后代。也有一种说法，认为铜奔马塑造的不是凡马，而是古代传说中的"天马"，马蹄所踏的也不是飞燕，而是龙雀，即传说中的"风神鸟"。"天马"的速度快于"龙雀"；"龙雀"不知后面追赶而来的是什么，猛然回首的瞬间，"天马"

已超过了它，并且有一只蹄无意之中踏在了它的背上。所以认为，这件铜奔马应叫作"马超龙雀"。

"马踏飞燕"也好，"马超龙雀"也好，依据实有的乌孙马也好，依据想象中神话里的"天马"也好，总之，这件由古代无名艺术家创作的铜奔马，折射出了千百年前人们生活和思想的影像，留下了"丝绸之路"上中外文化交流的痕迹。

十三、历史悠久的山丹马场

马匹，特别是好马，在"丝绸之路"上、在古代战场上的作用非同小可。历代皇家、官方，都十分重视养马业的发展，以及良马的繁殖和马种的改良。

我国汉、唐时代，曾大量引进西域及西亚、欧洲一些国家的良马。

祁连山下有一古城删丹（今称山丹），是古代畜牧业的中心。据《山丹县志》记载，删丹古城在焉支山谷地近钟山寺处，"以晓日出映，丹碧相间如'删'字，又名删丹山，而县以此得名。"

早在3000多年前，我们的祖先就在这里放牧。匈奴占据祁连山时，这里是浑邪王的主要牧地；马成为当地人民生活不可分割的一部分，人们立马王庙，把马当作神灵加以敬供。

汉代名将霍去病，从18岁起就与匈奴作战。公元前121年，霍去病统率万名铁骑，从扁都口突入删丹，穿过焉支山地区，打通了河西走廊这个"丝绸之路"的咽喉。霍去病曾6次率兵出击匈奴，但最为赢得威名的，是在河西出击匈奴的两次战役。汉王朝经过几十年养育锤炼的骑兵，在霍去病的率领下，取得了集团机动作战的成功。当时匈奴异常强大，不可一世，众小国都惧怕它的锋芒，不敢碰它，而霍去病这位汉代青年将领，却长驰数千里，进行远程奔袭，以少于匈奴的兵马，战胜了匈奴。当然，霍去病所以能击败匈奴，不仅因为有出色的骑兵，还因为霍去病是一位忠诚爱国的战将。他在前方作战，从不考虑个人的安危。有一次汉武帝为他修造了高大、漂亮的住宅，让他去看一看，他对汉武帝说："匈奴未灭，何以家为？"表示国家的威胁不解除，不考虑过安乐生活。

山丹军马场自古以来就是培育良马的天然牧场，霍去病曾在这里屯兵养马。这是中国官方设营养马的开始。在这以前，我们祖先在这里养马就已有800多年的历史了。山丹军马场地势平坦，水草丰茂，夏季绿草如茵，冬季一片金黄，是马匹繁衍、生长的理想场所。山丹马体形匀称，粗壮结实，雄健剽悍，适应性良好，是驮、乘用的良骥。山丹马场也成为历代皇家军马的养殖基地。

史料载，汉初在西北边郡设牧苑36所，养马30万匹。北魏时曾把河西作为它的广大牧场，养马200万匹，经常保持军马10万匹左右，以备京都军事警卫之需。隋炀帝时，炀帝杨广西巡张掖、御驾焉支山，会见突厥及西域27国公使者，亲临大马营草滩，并以山丹大马营为中心，放牧官马10万匹。到唐朝初期，河西一带养马已达70余万匹。

历史悠久的山丹军马场，是我国最大的马场，也是亚洲规模最大，世界第二大马场。

第四章　铭记丝绸之路

一、时代风云在丝路上的投影

"丝绸之路"作为商业贸易的通道，它的兴废变迁，都与各个时期社会政治、经济状况的变化紧密相连。社会政治、经济状况愈好，丝路就愈畅通、发达，反之，就愈堵塞、衰落。

在"丝绸之路"上，可以找到每一时期政治历史变迁的印记。

西汉政权初建时期，北部游牧民族对它是个很大的威胁，汉朝政权还没有完全巩固，经济方面也亟待恢复，对于匈奴的威胁，没有力量去对付。到汉武帝时，汉朝政府平息了内部叛乱，生产日益发展，经济状况明显好转，天下殷富，财力有余，士马强盛，有了反击匈奴的实力。这时，汉武帝一面派张骞出使西域，联络月氏、乌孙等抗击匈奴，一面派卫青、霍去病等率军出击匈奴，连连打胜仗，迫使匈奴浑邪王率部众千万臣归属于汉。接着，汉朝又在汉西设立武威、酒泉二郡，10年后，又增张掖、敦煌二郡。公元前60年，匈奴势力退出河西，西域天山南北及巴尔喀什湖以东、以南纳入汉朝版图。西汉政府在西域设置了正式行政机构——都护府，这就进一步保证了丝路的畅通和安全，促进了中外贸易的发展。此后，西汉王朝不断派人到西域各国进行政治和商贸活动，"丝绸之路"上出现一派繁荣的景象。

到了西汉末年，匈奴又强大起来，重新控制了西域一些地区，使得丝路一度中断。匈奴让西域各国给它交重税，各国都觉得承担不起，纷纷派使臣到汉，请求保护。公元73年，东汉政府派遣班超出使西域，班超在西域任职30多年，曾降服鄯善，平定疏勒，并率领疏勒、康居的部队攻破阻碍丝路的姑墨，姑墨、龟兹等地自动归附于汉，汉朝在西域的统治得以恢复，丝路重新开通。公元97年，班超派遣甘英出使大秦（即罗马帝国）。甘英到达了两河流域的条支（今伊拉克境内），准备西渡地中海，但被安息船夫的危言所阻，未能继续西行。当时东汉与大秦是东、西方两大帝国，安息处在两个大国中间的位置。为了独自控制东汉和大秦之间的交通贸易，安息极力阻挠两大国的直接接触，以免失去它自己的垄断地区。甘英虽未到达大秦，但他以我国第一个到达安息西界的使者的荣誉，被载入史书。

唐朝盛世，也是丝路极度繁荣的时期。唐初年，西突厥控制西域地区，割据自立。太宗继位后，于公元640年，派侯君集带兵平定了与西突厥联合阻塞丝绸之路的高昌，在高昌设西州，置西州刺史；在可汗浮图城设庭州，置庭州刺史；不久，又在西州设立安西都护府，屯驻军队，镇守西域。这时，西突厥继续在西域扩展自己的势力，公元642年，灭了吐火罗（今阿富汗北部），并拘留唐朝使者，侵扰伊州，阻隔丝路。在唐太宗、唐高宗两朝的努力下，终于于公元657年灭了西突厥，使唐政府得以在西域设置都护府、都督府、州、县等一系列政权机构，使西域及其以西地区与内地重归统一，唐王朝与中亚、西亚、乃至欧洲各国的友好关系也得到大大的发展。"伊吾之右，波斯以东，职贡不绝，商张相继"。

到了五代十国，各割据王朝相互角逐，西域地区也出现了几个政权并立的局面，出现了信奉伊斯兰教的哈拉汗王朝、信仰佛教的于阗王朝和接受佛教的高昌回鹘势力。哈拉汗王朝统治范围包括楚河、塔拉斯河流域和新疆西部的喀什噶尔一带；于阗王朝以于阗为中心；高昌回鹘的地域，包括吐鲁番盆地及焉耆、龟兹一带。这些政权与中原地区的政权，在政治、经济方面都有密切的联系。

当北方建辽朝，中原地区统一于宋朝时，全国出现了相对稳定的局面，西域与内地，无论是官方还是民间，贸易都十分发达。与此同时，丝路上又出现了中外商队的足迹，大批西域商人长期在内地经商。从当时文献记载看，沿丝路进行的官方贸易，已延伸到辽朝境内。

金灭辽，宋王朝偏安于江南，丝路又一度衰落。

蒙古首领成吉思汗在统一蒙古各部后，发动西征，灭西辽。于是，通往欧洲的驿道，畅通无阻，往来商旅，仍走丝路北道。忽必烈改国号后，元朝中央政府在新疆各地设立驿站，发展交通，丝路更加活跃起来。

一条漫长的"丝绸之路"，开通、堵塞，顺利、坎坷，兴旺、衰败，无不显示出时代风云变幻的投影……

中国之所以能在汉朝盛时开通茫茫西域，是由于当时中国国力强盛、文明高度繁荣。丝绸之路之所以能历千年而交流不断，是由于中国文化敢于并善于吸取世界文明的成果。从这一意义上讲，"丝绸之路"的开通、坎坷与持续繁荣，又是中国文明的强大生命力、创造力和持久魅力的象征。

二、丝路，人类文明的丰碑

人类在 21 世纪之初，随着科学技术的迅猛发展，面临着诸多的挑战与机遇。

和平与发展，仍是整个人类苦苦追寻而未拿到手的果实。

世界的许多角落仍不安宁。民族与民族之间，国家与国家之间，一个民族内部，或一个国家内部，时而交织着各种纷纭复杂的矛盾、斗争或战乱。

人类社会在永无休止的动荡中艰难地行进着，光明的前途永远给人以无限的鼓舞。

在这样一个时刻，重温"丝绸之路"的来龙去脉，意义是深远的。

这一条古老的商路对人类有着非凡的贡献。它横跨亚欧大陆，穿越了千山万水；它融会贯通了人类古老的文明，在世界人民之间架起了友谊的长虹。

人类可以在无路的地方走出路来，只要走的人多……

而原本有路的地方，长时间无人去走，这路，也会萎缩，也会荒芜。

这是辩证法的两个方面，而辩证法是无情的。

陆路的"丝绸之路"，如今已成为历史的陈迹，供世人探寻、景仰、讴歌；它已成为一座丰碑，铭刻着人类文明发展的重要进程。

这条在历史上曾长时间人马繁忙的商路，在今天实际上已不复存在了，汽车、火车、轮船、飞机……各种新的交通工具，早已代替了昔日的骆驼和骡马。但，汉、唐的丝绸以及最早走在这条路上的张骞、班超、玄奘、霍去病、细君公主、解忧公主、文成公主，以及从西域来华的安息王子安世高、印度高僧鸠摩罗什、意大利旅行家马可·波罗等，都已同壮观的敦煌莫高窟以及雄伟的嘉峪关长城一样，成为人类文明的骄傲。

人类社会还要不断地向前发展。

人类的经济、文化交往还会不断地扩大和深化。

人类从相互隔离、未知和陌生，逐渐走向融和、熟悉和亲密。地球上所有的路，最终都将打通，都将连成一片……

三、展望丝路新旅程

今日的"丝绸之路"，以其悠久的历史和独具特色的风光，已经成为旅游的热线。怀着对历史古迹的缅怀和自然风光的憧憬，成千上万的游人乘坐现代交通工具，兴致勃勃地踏上丝路之旅。

西安是汉唐故都，也是丝绸之路的起点，现在的西安依然是西北地区的第一大城市。在展示现代文明的同时，我们还能深切感受汉唐的遗风。

陕西历史博物馆是我国国家级博物馆之一，馆藏的几千件文物大都是稀世珍品。在这里可以纵览中国历史，从蓝田猿人时期、石器时代直到秦汉、盛唐时期。唐太宗陵墓中的石刻"昭陵六骏"中的 4 匹战马浮雕，体态雄健，充满活力。唐三彩陶俑塑造的西域商人、唐朝贵妇、宫女，表情丰富，形象逼真，仿佛带领我们回到千年前的时代。展品件件精细，让人叹为观止。

西安城里现存的唐代建筑就是大雁塔和小雁塔。大雁塔在大慈恩寺内，塔高约 64 米，共有 7 层，塔身呈方形锥体，气势雄浑，若在当年登上这里，可以一览长安城和曲江的风景。大慈恩寺里的建筑颇有唐朝特色，现在得到了很好的维护。

从西安乘车西行，翻越陇山，进入甘肃的河西走廊。祁连山高耸入云，大戈壁一望无边。星星点点的绿洲上，城市和村庄遥遥相望。历史上著名的河西四郡今天已经成为新兴的城市，最著名的当属酒泉。当年霍去病洒酒为泉的地方今天开辟成了酒泉公园，是河西走廊唯一保存完整的一座汉式园林，迄今已有两千多年的历史。园内有泉有湖，有山有石，建有酒泉胜迹、西汉胜境等八大景区。古树参天，亭台楼阁雕梁画栋，素有"塞外江南""瀚海明珠"之美誉。

今天的酒泉以航天城的美名享誉全球。酒泉卫星发射中心位于酒泉市以北的戈壁滩上，建于1958年，是利用长征系列火箭发射大倾角、中低轨道的各种试验卫星和应用卫星的主要基地。1970年，中国成功地将自己的第一颗人造地球卫星"东方红一号"送上了太空。响彻太空的"东方红"乐曲，宣告中国进入了航天时代。

酒泉以西就是万里长城的最西端——嘉峪关。明朝修建的关城气势雄伟，矗立在戈壁之上，有外城内城之分，又有箭楼、敌楼、角楼、阁楼、闸门楼，体现了中国古代完备复杂的军事防御体系。站在关城上往下看，从关城到祁连山是一马平川，关城的位置正好挡住来自内蒙古草原的少数民族骑兵。面对高大雄伟的关城，想攻取可是难上加难，千余人即可抵挡十万大军。关前还有一湾湖水，刚柔相济。远处的祁连山雪峰隐隐约约，在日光下显得格外迷茫。

再向西就到了丝绸之路最著名的艺术宝库——敦煌。来这里的游客首先要去鸣沙山，体会大漠风情。鸣沙山在古时就很出名，史书载："冬夏殷殷有声如雷"，"沙鸣闻于城内"。清晨的沙丘被笼罩在薄雾中，太阳尚未高悬于空，放射灼热的光芒。沙漠的金黄与天空的淡青交汇于模糊的远处，让人浮想联翩。在沙漠中骑骆驼，4人4驼组成一队，在养驼人的牵引下，在沙漠中缓步前行，仿佛千年前丝路上的商队在清早赶路，为的是避开中午炙热的阳光。极目远眺，沙丘无尽，一队又一队的驼队在前面留下条条沙漠小路。

敦煌莫高窟现在已经成为世界文化遗产，经过几代人的努力修复和维护，莫高窟的雕塑和壁画保存完好。文物修复专家运用了最先进的技术，有效制止了壁画的风化和褪色问题，使这些珍贵文物保持着当年的原貌。飞天是那样的飘逸动人，菩萨低眉慈目，面带微笑。金刚肌肉凸起，怒目圆睁，使人赞叹唐朝的雕塑艺术堪称世界一流。小小的藏经洞空在那里，向人诉说着哀伤的往事。莫高窟旁边，一座现代化的建筑——敦煌研究院拔地而起。敦煌的玉门关遗址是唐朝的国门，由此向西进入新疆境内，立刻感受到了西域风情。

在葡萄成熟的季节来吐鲁番，是最令人陶醉的时刻。大片的葡萄园里，一串串的葡萄沉甸甸地挂在藤架上。走在葡萄园的长廊中，头顶上的葡萄可以为我们遮荫。家家户户的房顶上用土坯垒的干房，像镂空的格子墙，收获的葡萄挂在里面，自然风干，这就是著名的吐鲁番葡萄干。这里干旱的气候和炽热的阳光，特殊的低海拔，使得葡萄香甜，哈密瓜个大多汁，成为当地最著名的特产。

下篇　海上丝绸之路

第一章　海上话船事

一、船的故事

提起丝绸之路，人们自然会想起张骞出使西域后，那条自长安经河西走廊、今新疆、伊朗和两河流域直抵欧洲的东西贸易通道。但说到海上丝绸之路，听起来似乎有些陌生，但稍加解释，大家就会恍然大悟：原来如此啊！

海上丝绸之路东起中国的广州、泉州、扬州等沿海港口，途经东南亚，过马六甲海峡，到达天竺，越印度洋、阿拉伯海等地。这条重要通道的开辟，不是一朝一代之功。它始于汉初，以后随着造船技术和航海技术的不断提高，中国与西方的海上贸易也日益频繁，逐渐开辟出一条与西方进行贸易的"海上丝绸之路"。

"海上丝绸之路"记载了我们中华民族的文明，记载了中国同世界其他国家的友好往来，是我们民族的骄傲。在这条美丽的通道上，流传着许多动人的故事。我们的祖国有漫长的海岸线，绵延在渤海、黄海、东海、南海的辽阔水域，与世界第一大洋——太平洋紧紧相连，这就为发展海上交通提供了有利的条件。航海的前提是要有船。我国船的历史绵亘数千年。

关于船有许多传说。在我国的原始社会，人们为了捕鱼和过河，经过多次反复的实践，发现了把几根木头捆扎起来，放在水中，浮力远远大于一根木头的浮力，于是就出现了木筏。

我国有悠久的航海及造船的历史。考古证明，至少在 7000 年前，中国已能制造竹筏、木筏和独木舟。最早的竹筏是由多根竹竿捆扎而成的竹排，沿江河顺流而下，也可以用桨、橹、篙来推进。

在我国曾经有过这样的传说："刳木为舟，剡木为楫，舟楫之利，以济不通，致远以利天下。"什么意思呢？就是说，选一根大树干，用石斧刀削一个长槽，然后用火烧掉木屑，再砍，再削，再烧，直到长槽达到合适的长度为止，人坐在槽中就可以浮水了，这就是独木舟。

关于独木舟，还有着一个传说：在尧、舜时期，洪水滔滔，淹没了大片土地，人类的生存受到极大威胁。后来，禹接受了治水的重任。禹为了指挥治水工程，需要一只独木舟。他听说四川有一棵特别大的樟树，直径有 3 米多，七八个人都抱不过来。于是，禹就带着木匠去砍伐。树神得知后变成了一个童子，不让砍伐这棵大树。禹非常生气，严厉地斥责树神，并派人砍下大树，把中间挖空，造了一艘又宽大又灵巧的独木舟。禹就乘坐这艘独木舟指挥治水工程，经过 13 年的艰苦努力，终于治服了洪水。

随着社会的不断进步，人们征服自然的能力也越来越强。到了商代，由于金属工具的使用，使得造船的技术也逐渐提高，出现了木板船。最早的木板船叫"三板船"，即全船由三块板构成：两块侧板和一块底板。底板的两头用火烘弯后向上翘，这就是现代船的"祖先"。以后，人们对三板船不断加以改进，使它逐渐完善，并有所创新，从而有了千姿百态的各种船舶的产生。

木板船产生后，对于人们的生产和生活起了很大的作用，但这种木板船的抗风能力较差，致使许多出航的人葬身于大海。这就推动了帆的发明。

传说有一次，夏禹发现了一种叫鲎的鱼，它的形状很奇特，身体扁宽，眼睛长在背上，嘴长在肚腹下面，背上有高高的鳍。当风吹来时，鲎鱼的鳍就高高挺起，它就能借助风力前进。没有风的时候，它的鳍就收起来。夏禹眼睛一亮，心想，船不是也可以利用这个道理吗？于是，他派人设计了帆，并进行了试验，终于取得了成功。从此，人们在海上航行，就可以借助较强的风力了。

二、航海事业的形成

殷商与西周时期，人们除了会制造船舶之外，已能制成帆而利用风力航行。甲骨文用"凡"通"帆"字，说明殷时的人在行船时已经使用帆，不过，这一时期的帆一般主要用在江河航行中。

我国航海事业形成于春秋时期，人们航海的地理知识逐渐增加，将我国东部水域进行了划分。人们已经了解到"百川归海"，并开始在沿海巡航。同时，人们在江河和航海过程中，更加深入认识了风力及气象等，为航海事业的进一步繁荣奠定了基础。也正因为当时人们的智慧与勤劳，这一时期，出现了较频繁的海上运输。各国间的海战也逐渐增多，这就促进了航海业的发展。

例如：越国人自古以来就善于航海。何以证明呢？因为越国人有"断发文身"的习俗，这大概是由于经常在水中，长头发不方便，所以剪短了。这说明越人常常潜水游泳，对航海技术也掌握得比较熟练了。

春秋时期，南方已有专设的造船工场——船宫。各诸侯国的往来常常使用船。东南沿海一带的越人经常在南海进行航海活动，并通过番禹港（今广州市）进行贸易往来。在航海过程中，他们得到了不少的黄金、珠玑、犀象，并把这些珍贵的东西作为贡品。

春秋时期有了战船。战船是从民用船只发展而来的，但战船既要配备进攻的设备，又要配备防御敌方进攻的设施，因此，它比民用船的要求就更高了。有人这样说，战船代表各个时期最高的造船能力和技术水平，这话很有道理。例如，吴国的战船是当时最有名的，它的大船可以载士卒 90 多人，航海速度也较高。吴国就是凭借这种实力在汉水和太湖大败楚越两国。后来，勾践卧薪尝胆，发展战船到 300 艘之多，最后，终于打败了吴国。

公元前 221 年，秦始皇统一了中国第一个多民族封建国家。秦朝的疆界东到大海，自北向南分别是渤海、黄海、东海、南海，这就为航海业提供了极为有利的条件。所以，我国古代造船业在秦汉时期达到了第一个高潮。

相传，春秋战国时期，有个方士叫徐福，他会一些占星术。当时的人们为了躲避战乱，经常驾船到朝鲜和日本。徐福为了求得资助，对秦始皇说他已到了蓬莱，可是仙人嫌秦始皇的礼品太少了，不能给仙药。秦始皇急忙问："需要多少代价？"徐福说："海神说了，必须带大量的粮食和童男童女三千人。"秦始皇同意了。徐福就率领这些人出海了，可是，一去不回。

那么，徐福到哪去了呢？据说是去了日本。传说，他从琅琊港出发北上，经过成山角、蓬莱头、辽东半岛南端、鸭绿江口，最后到达朝鲜和日本。据日本的一些史料记载，在日本保留有徐福的墓，墓前还有石碑。

徐福率童男童女东渡日本表明了我国在秦代时的航海能力居世界领先地位。他们把中国的先进文化和生产技术带到日本，使日本结束了渔猎生活，开始了农耕生活，也加强了中日人民的友谊。

秦始皇在位期间，曾组织了多次大规模的海上巡游。如果没有比前代更发达的造船技术，航海是不可想象的。因此，可以这样说，秦朝开创了我国造船和航海业的新时代。

西汉开始后，社会经济开始恢复和发展，特别是汉武帝统治时期，国势强盛，为了统一沿海地区，发展近海与远洋的交通贸易，大力加强造船业，建立了强大的水师，并组织了 7 次巡海航行，而标志汉代造船技术最高水平的是"楼船"的出现。

楼船是水军的代称，也是对战船的通称。公元前 120 年，汉武帝下令在长安城西南扩建了昆明池，在池中建造"楼船"。顾名思义，楼船就是在船上能建高楼。一艘楼船高几十米，分 3 层，每层都有防御敌方射来的弓箭、矢石的矮墙，矮墙上有用作发射弓弩攻击敌方的窗孔。楼船上设备齐全，使用纤绳、橹、帆、楫，四周插满战旗，刀枪林立，威武雄壮。

汉武帝以强大的水师，完成了对许多地方封建割据政权的统一，巩固了海疆，为东南与南方沿海航路的畅通打下了基础，从而开辟了海上丝绸之路。

汉代的海上丝绸之路的路线是我国的船经过南海、通过马六甲海峡、渡过印度洋、到达欧洲。中国的丝绸等通过这条通道转运到罗马。从而加强了中国同欧洲各国人民的友好往来。

三、造船业的兴盛

在秦汉时期造船业发展的前提下，三国时期的造船业有较大的发展。

当时，孙权所建立的吴政权占据江东。众所周知，江东在历史上就是造船业发达的地区。吴国建立后不久，就拥有船舰 5000 余艘。吴国有许多技术高超的造船匠。吴国造的战船，最大的上下 5 层，可以载 3000 战士。孙权所乘的"飞云""盖海"等大船更为雄伟壮观。

公元 409 年，西行取经的中国僧人法显，从恒河口的多摩梨帝国搭乘商船，航行 14 昼夜到达狮子国。两年后，他又搭乘商船动身回国，途中遇到大风，漂泊 90 多天到达耶婆提，停留 5 个多月后，又搭乘大商船到广州。法显所搭乘的商船，正是我国到南洋、印度进行贸易的商船。

隋朝建立后，隋文帝派大将杨素在永安营建各种战舰。最大的五牙大战舰，上有 5 层，高百余尺，前后左右设置六个拍竿，高数十米，当敌船靠近时，就可以用拍竿拍击敌船。这种船可载士兵 800 多人。其次是黄龙船，可载士兵百余人。

隋炀帝时，下令开凿大运河。大运河连接了海河、黄河、淮河、长江、钱塘江五大水系，成为南北交通的大动脉，对南北经济文化的交流起了重大作用。水运的畅通，说明造船业的发展。隋炀帝曾三次乘坐水上宫殿"大龙舟"去巡游。说到龙舟，民间早就有赛龙舟之风。传说爱国诗人屈原忧国忧民，在公元前 278 年 5 月 5 日投入了汨罗江，人们恐怕水中的龙吞掉他的遗体，就把船造成龙的形状，在江上行驶，敲锣打鼓以驱散水中的龙。古代人认为龙是极为神圣的庞然大物，谁能乘龙过海上九天就成神仙了。所以，我国封建帝王都自命为真龙天子，他们想借助龙威来加强在民间的统治。

隋炀帝所乘的龙舟共有 4 层，高 30 米，长 125 米，上层有正殿、内殿、东西朝堂，中间一层有 120 个房间，下层是皇帝的住所。皇后乘坐的龙舟叫"翔螭"，比皇帝的龙舟稍小一些，装饰也极为奢华。奴侍、诸王、公主、百官、僧尼、道士，按品位分别乘坐另外一些船，还有一些船是载这些人使用的物品。这样的一个船队浩浩荡荡，规模之大，是前代都少有的。如果没有先进的造船技术和航海技术，是不可能实现的。

与此同时，唐朝的造船技术体现了我国造船事业的高度发展。

唐朝造船业有以下特点：

一是船体不断增大，结构也越来越合理。船上载六七百人已很常见，有些船上还可以种花种菜，仅水手就达百人之多，可以想象这样的船有多大。

二是造船数量不断增加。唐初仅在江苏仪征一地就有 10 个船场。

三是造船工艺越来越先进。唐朝时的舟船已用铁钉制造，采用了先进的钉接榫合的连接工艺，而同时期的欧洲国家的造船业，连接船只仍使用原始的皮条绳索绑扎的方法。

唐朝的船航速快，安全可靠，在国际上享有很高声誉。从 7 世纪以后，中国远洋船队就频繁地出现在大洋上。外国商人往来于东南亚和印度洋一带，都喜欢乘坐中国的大海船。他们称赞中国船工为"世界上最先进的造船匠"。

唐朝用于航海的木帆船种类很多，有沙船、福船、广船。沙船是我国最古老的船型中的一种，它的历史可追溯到遥远的年代，但最终产生于唐朝。沙船的特点是宜于行沙防沙，可安然"坐"在沙滩上。沙船多行于北洋航线，太湖一带渔民称沙船为"北洋船"。当然，南方也有沙船。江南的稻米、丝绸等多用于沙船北运。福船和广船是以产地而得名，它适应于我国南方海阔水深的海域。唐代利用福船、广船进行运输和贸易。

四、远洋海航业的发展

宋朝海外贸易兴盛，远远超过了前代。公元971年，宋太祖在广州设市舶司，后又在杭州设市舶司，后又在多处设市舶司。宋代的市舶司类似于近代的海关，商船出海必须先呈报市舶司，领取公凭才能启行。外国商船到达我国港口必先报告市舶司，由它派人检查船上的货物。

南宋政府鼓励富豪打造海船，购买货物到海外经商。当时，宋代的主要航线有三条：西洋航线、对日航线、对高句丽航线。这几条航线加强了中国人民同其他国家经济文化的友好往来。

在宋代，还发生了一件对航海技术来说划时代的大事，即指南针的发明及应用。世界上最早记载指南针应用于航海的史料是北宋宣和年间朱彧写的《萍洲可谈》，文中记载了他随父亲朱服在任广州高级官吏时的见闻，说当时的舟师已掌握了在海上确定航海位置的方法。

中国使用指南针不久，就被阿拉伯海船采用，并把这一发明传到了欧洲。

另外，南宋年间，中国航海也开始使用罗盘针，说明了我国导航技术在宋代居于世界领先地位。它传到西方后，为哥伦布"发现新大陆"创造了有利的前提条件。

元朝是个幅员辽阔的大帝国。为了海上军事活动和大规模的海运漕粮，元代大量建造了船只，其数量、质量远远超过了前代。

宋元对峙时期，元朝只有水师不如南宋，所以元统治者下令，大造战船数千艘，练水军数万人。1273年，在一次水战中，元军胜利。

元统治者终于深知水师的重要性。于是，命令再造战船3000艘。1276年，元军攻占南宋都城临安，灭了南宋。元初时，仅水师战舰就已有万余艘，还有无数民船分散在全国各地。这一切都反映了元代造船能力之强。

意大利著名的旅行家马可·波罗于1271年来到元大都，忽必烈特别信任和重用他。1291年，忽必烈派马可·波罗从泉州启航护送阔阔真公主到波斯成婚。马可·波罗亲眼看到了中外海船的不同。他在《马可·波罗游记》中是这样记载的：阿拉伯的船体小，仅有一桅一舵，没有铁锚。造船的木料坚脆，铁钉钉不进去，容易震烈，船底不涂沥青，只用鱼脂油。船不坚固，在印度洋航行易沉没，而中国船的优越性很大。船体大，有4桅、4帆，可以随意竖起或放下，船上有水手200人。没有风时，行船靠橹，橹很大，每具需用橹手4人操作。造船的木料是冷杉木，有坚固的主甲板，甲板下有60个小舱，人住在里面很舒适。船用铁钉缝合，上面有两层板，再以麻和树油掺和涂壁捻缝，绝对不漏水。由此可见，元代的中国船要优越于外国的船。

元大都被称为"汗八里"，是世界著名的经济中心之一。非洲、日本、朝鲜、南洋等地都有使团、商队来到元大都，主要经过刘家港、直沽港、温州港、泉州港、广州港等。其中，泉州是对外贸易的第一大港。港口建有指示航行的灯塔叫六胜塔，至今还屹立在海滨。这是元代航海及对外贸易繁盛的历史见证。摩洛哥有个大旅行家叫伊本·白图泰，他在所写的游记中说：泉州为世界最大港之一。

明清时期，是我国造船业和航海业达到顶峰的时期。郑和下西洋，这一世界航海史上的壮举标志着中国古代造船航海的顶峰。

明朝建立后，元代的"驱口"得到了自由，手工业工匠可以"纳银代役"，经济得到了恢复和发展。明朝前期，我国国力强盛，纺织业、制瓷业发达，特别是造船业和航海业以其高超的水平和突出的特色展现于世界。

为了争取海外地区对明朝的了解和归附，提高明朝的海外威望，显示中国的富强，加强与海外各国经济文化友好往来，明成祖朱棣派郑和出使西洋。

郑和是我国历史上伟大的航海家，也是世界航海史上的先驱。郑和从 1405 年到 1433 年的 28 年间，率领庞大的船队，七次下西洋，访问 37 个国家。南到爪哇，西到非洲东海岸和阿拉伯半岛。航程之远，船队之大，不仅在我国古代航运史上罕见，就是在世界航海史上也是空前的。

清代远洋航海在规模上也超越了前代。18 世纪中后期，约有远洋商船六百余艘，运载能力可达 20 多万吨。在东南亚地区的航运力量中仍属领先地位。18 世纪后期，中英贸易中，中国仍处于领先地位。后来，由于清朝的封建统治日趋腐朽衰落，世界资本主义处于上升阶段，中国的经济日益落后，使造船航海业处于停滞状态。鸦片战争后，中国沦为半殖民地半封建社会，中国的造船航海业也走入衰落时期。一直到 1949 年以后，才出现了欣欣向荣的景象。

船，这个中华民族古老的发明，它是中国劳动人民智慧的结晶，也是我们这个民族勤劳智慧的象征。从远古的独木舟到今天现代化的庞大舰队，正是我们这个民族不断进步的体现。

有了船，海上丝绸之路的开辟才能从梦想变成现实。

五、海上贸易的繁荣

宋元时期，在以中国为起点的海上丝绸之路的多条航线上，中国商人同各国商人"梯航交集，以此之有，易彼之无"，互相"贸通"。无论是从各国输入中国的货物，还是从中国输往各国的货物，品种和数量都大大超过前代。

在海外各国中，通过海上丝绸之路进行贸易活动的，既有许多民间海商，也有许多是政府的贸易使团，而中国从事海外贸易的经营者，则分官府经营和私商经营两大类型。

宋元两个朝代的政府都通过海上丝绸之路开展贸易活动。宋太宗于公元987年5月，派遣内侍8人携带金帛分路各往海南诸藩国"勾招进奉"，购买香药、犀角、珍珠、龙脑，这就是官府直接派人航海经商的一个事例。但是，在宋代这种办法并不多见。宋朝主要是以"交聘"的形式同海外国家进行交易。海外国家使团通常以"朝贡"、"进奉"的名义来华，所带来的贡物都获免税待遇。宋朝政府收下"贡品"后，都回赠价值高于贡品的物品。

同时，经营海外贸易的私商，在宋元时期也有不同的情况。

一类私商是权贵和官僚，他们凭借政治上的特权，大规模从事海外贸易活动。宋代不少贵族"以公侯之贵，牟商贾之利"，"发舶舟，招番贾，贸易宝货"，"犯法冒禁，专利无厌"。许多文武官员也派遣亲信到海外经商。南宋初，因附和秦桧对金投降而被封为"循王"的大将张浚，曾造巨舰到海外经商，"逾岁而归，珠、犀、香药之外，且得骏马，获利几十倍"，这就是权贵从事海外贸易获取暴利的典型事例。

元代，蒙古贵族一贯重视商业活动，经商牟利，不再有宋代那种"食禄之家，不许与民争利"的约束。除了禁止市舶官和市舶司所在的地方官"拘占舶船捎带钱物下番货卖"外，其他"诸王、驸马、权豪、僧道、也里可温（基督教徒）、答失蛮（伊斯兰教宗教职业者）诸色人等"，只要不隐匿物货，逃避"依例抽解"，都允许"下番博易"。在忽必烈时期，官至行省宰相的朱清、张瑄，都曾以"巨艘大舶帆交番夷中"进行贸易。

另一类私商是沿海的富豪之家，他们有雄厚资金可以打造出海远航的大舶。同时，也只有富豪之家才能得到地方上的物力户（有钱的富户）的担保，才能疏通关节，也才能获得市舶司的批准出海经商。宋代的记载说，"海舶之利，颛于富家大姓"，"贩海之商，无非豪富之民"。元代的记载说，"富民往诸番商贩，率获厚利"，因而，"商者益众"。这些记载说明，在宋元时期，从事海外贸易的私商，除了官僚权贵外，主要就是沿海地区的"富家大姓"。

第三类私商，是一些想通过出海经商发财致富的中小商人。宋代《萍洲可谈》记载说，舶船上"商人分占贮货，人得数尺许，下以贮物，夜卧其上"。这类分占数尺船舱贮货的商人，显然是那些本钱不多、搭伙出海的中小商人。元代市舶法则说，舶商"招集""人伴"出海。这种"人伴"，可能是搭乘大海商的海船出海的小商人。这种中小商人只是私商中的附属部分，在私商所经营的海外贸易中不占什么重要位置。

此外，宋元时期的中外进出口贸易，既给海上丝绸之路带来空前繁荣，也对两朝财政产生了重大的影响。这既有巨大的收益，也产生消极的影响。消极的方面是，在丝绸、陶瓷等大量从中国输往各国的同时，一些海商在地方官的纵容下，把大量铜钱偷运出口。这种情况在北宋时就已相当严重，到南宋时"南渡，三路舶司岁入固不少，然金、银、铜、铁，海舶飞运，所失良多。而铜钱之泄尤甚，法禁虽严，奸巧愈密。商人贪利而贸迁，黠吏受贿而纵释，其弊卒不可禁"。铜钱是宋代主要的货币，大量铜钱外流造成宋代一再出现"钱荒"，"公私上下并苦乏钱，百货不通，万商束手"，以致频现物价飞涨的情况。

六、外贸港口的崛起

与海上丝绸之路形成呼应，中国沿海地区出现了一批享有盛名的海港，有广东的广州、福建的泉州、浙江的宁波、江苏的扬州等，它们在不同时期分别起过不同的作用。其中，泉州港曾以"刺桐港"一名为世界各国航海家、商人所熟知，它的兴起和发展在海上丝绸之路历史上占有重要的篇章。

泉州作为古代"海上丝绸之路"的起点城市，素有"海滨邹鲁"、"世界宗教博物馆"、"光明之城"的美誉，是国务院首批公布的24个历史文化名城之一，文化积淀深厚。伊斯兰教、印度教（婆罗门教）、古基督教、摩尼教（明教）、犹太教、佛教等世界多种宗教在泉州广泛传播，留下了大量遗迹，使泉州成为多元文化融洽交汇、和谐共处、互促共荣的载体。

泉州是中国历史上对外通商的重要港口，有着上千年的海外交通史，自唐代开埠，即为中国南方四大对外通商口岸之一。宋元时期，泉州港跃居为四大港之首，以"刺桐港"之名驰誉世界，成为与埃及亚历山大港相媲美的"东方第一大港"，呈现"市井十洲人"、"涨海声中万国商"的繁荣景象。

泉州港在唐代就已经是中国重要的对外贸易港之一；五代时又继续发展；到宋代，它作为南海航路和东海航路的中转港口，发展更为迅速。

北宋前期，泉州港对外贸易已相当可观，在禁止"私相市易"、"诸藩国香药、宝货"的诏书中，均提到泉州，可见当时泉州港的海外贸易已受重视。据史料记载，北宋时前往高丽国经商的中国商人不下百起，在标明籍贯的中国商人中，泉州商人占绝大多数。这反映了泉州港外贸繁荣的一个侧面。1072年，宋神宗下诏说："东南之利，舶商居其一。比言者请置司泉州，其创法讲求。""司"指市舶司，管理海外贸易的专门机构。海船出海贸易必须经市舶司批准，回来要向市舶司纳税。重要的对外贸易港都设立市舶司。宋神宗要求研究泉州设置市舶司问题，说明泉州在海外贸易中已居重要地位。但是，正式在泉州设立市舶司，则是在1087年。这在泉州历史或是中国对外贸易史上都是一件大事。市舶司的设立，标志着泉州进入了我国最重要的对外贸易港的行列。设司以后，泉州港可以直接发船到海外贸易，也能接纳外来的商船，因而进出口贸易便得到迅速的发展。它在海外交通方面的地位，迅速赶上广州。泉州城南，逐渐形成为外国商人和水手集中居住的地区。与之相应，泉州出现了不少外来宗教（伊斯兰教、印度教等）的庙宇以及外来侨民的集中墓地。

到了元朝，泉州港更加繁荣。"泉，七闽之都会也。番货远物、异宝珍玩之所渊薮，殊方别域富商巨贾之所窟宅，号为天下之最。其民往往机巧趋利，能喻于义者鲜矣。而近年为尤甚，盖非自初而然也。""号为天下之最"说明泉州在全国海外贸易中居于领先地位，而海外贸易的发达，使当地的社会风气也发生了巨大的变化。

当时诗人对泉州有这样的描写："厘头赤脚半番商，大舶高樯多海宝。"许多外国商人、水手随着海船来到泉州，这个港口成为各国人杂居的海港都市。泉州遍种刺桐树，外来商人、水手便以"刺桐"名之，这个名字当时在海上丝路所历各处广泛流传。著名的外国旅行家马可·波罗、伊本·白图泰都盛赞泉州的繁荣。马可·波罗说："印度一切船舶运载香料及其他一切贵重货物咸莅此港，是亦为一切蛮子（中国南方居民）商人常至之港，由是商货宝石珍珠输入之多竟至不可思议，然后由此港转贩蛮子境内。我敢言亚历山大或他港运载胡椒一船赴诸基督教国，乃至此刺桐港者，则有船舶百余，所以大汗在此港征收税收，为额极巨。"伊本·白图泰在这里看到大船百数，小船千余。泉州港在当时不仅是中国第一大港，也是世界头等海港之一。一方面"番商"川流不息出入泉州，另一方面，泉州也是中国商人出海的首选地。元朝官方的记载说，"泉州那里做买卖的"前往"回回田地里，忻都田地里"经商。"回回田地"即阿拉伯诸国，"忻都田地"即印度次大陆。这样明确的记载，是以前所没有的。元朝后期，泉州商人出海经商，"其所涉异国，自高丽外，若阇婆、罗斛，与凡东西诸夷，去中国无虑数十万里。方是时，中国无事，诸国之来王者且帆蔽海上而未已，中国之至彼者如东西家然。"海上丝路将中国与海外诸国连接起来，来往频繁，有如一家。著名的地理著作《岛夷志略》成书于14世纪中期，作者汪大渊是豫章（今江西南昌）人，但他长期在泉州生活随海船出海经商。这本著作记录了海外地名两百余处，涉及中南半岛、马来半岛、菲律宾群岛、印尼群岛、印度次大陆及其周围地区、波斯湾和阿拉伯半岛，以及东非和北非。此书写成后，收在当时泉州的地方志内，可以看成当时泉州人的航海指南，也是这一时代海上丝绸之路的详尽记录。

元朝末年的动乱，使泉州受到很大的破坏。明朝建立后，为防备倭寇，推行禁海政策，更导致泉州海外交通的衰落。郑和下西洋，第五次"前往西洋忽鲁谟斯（今伊朗霍木兹岛）等国公干"，曾经在泉州停留，但此后就默默无闻了。16世纪以后，西方殖民者东来，传统的海上丝路交往逐渐消失。清朝统治者长期推行的闭关锁国政策，使人们忘记了我们祖先有过征服海洋的光辉历史，忘记了连接东西方的海上丝绸之路，也忘记了曾经辉煌过的"刺桐港"。

第二章　郑和下西洋

一、开启七下西洋的神话

15世纪初，在波涛汹涌的印度洋上，航行着一支庞大的中国船队。这就是人类征服海洋的空前壮举——世界伟大的航海家郑和下西洋。

郑和是云南昆明人，他的父亲曾到过麦加朝圣。麦加与昆明远隔万水千山，郑和的父亲是个刚毅的人，他历尽千辛万苦，终于徒步到达麦加。沿途的惊险和异国的情调，给幼小的郑和留下了深刻的印象，有说不尽的新奇事物吸引着他。所以，郑和从小就立下了远航朝圣的誓愿。12岁时，朱元璋把他赐给第四个儿子朱棣做侍童，郑和做了一名小太监。他非常喜欢读书，随着时光流逝，他积累了丰富的知识。

1398年，朱元璋去世。皇太子朱允炆继位。朱棣发动了"靖难之役"，3年后，攻占了南京，夺得了皇位，即明成祖。在这场皇室内部夺权的战争中，郑和一直跟随在燕王身边，出入征战，显示了他非凡的机智和才能，为朱棣登基立下了汗马功劳。朱棣登基后，论功行赏，提升郑和为内宫监太监，成了内宫监的总管。郑和能言善辩，做事颇有魄力，又经过战争的锻炼，学会了运筹帷幄的本领。

明成祖即位后，继续发展同四邻国家的友好关系，以树立和扩大明王朝在海外的威望和影响，当然也为了发展与各国的贸易关系。当时，管理对外事务的礼部向各国表示，欢迎各国与中国交往。明成祖派人到柯枝、古里（分别在印度的西南和南端）等国进行友好访问。在众多对外交往活动中，规模最大的是郑和下西洋。

关于郑和下西洋的另一个原因，还有一个非常有趣的故事。明成祖虽然从侄子（惠帝）手里夺得了皇位，但他心里却总是不踏实。因为惠帝的尸体没有找到，是死是活还不清楚。当时，在京城有一些传说，有的说惠帝并没有死，而是乘皇室混乱之机，带几个人逃出城了；有的说惠帝做了和尚。明成祖半信半疑。他想：如果惠帝真的没有死，万一他在别的地方招兵买马，有朝一日讨伐我，多么可怕呀！为了把这件事查个水落石出，他派了大量的心腹大臣，到各地秘密查问惠帝的下落，找了二三十年，也没有消息。

明成祖还是放心不下，心想：是不是跑到海外去了呢？他的想法不无道理。因为那时，我国的航海事业已经发展起来。明成祖出于这种考虑认为，如果派人去国外，一是可以与外国人做生意，显示明朝的强大，二是可以顺便打听一下惠帝的下落，岂不是一举两得。

这样，他决定派一支队伍出使国外。但派谁去呢？明成祖作了慎重的选择。因为要完成这一重大的政治外交使命，不仅要有出众的文武才能，还要有机智应变的外交才略和勇于探险、不怕困难的精神。明成祖选中了郑和。

34岁的郑和接受了这样的重任，激动万分。他多么希望自己也能乘风破浪到世界各地去啊！这一天终于来了，他有决心和毅力去克服种种困难，完成这一重大使命。

郑和接受了下西洋的任务后，就从全国各地选拔了一批通晓阿拉伯语的人员。明成祖还派了大批将士，负责各种护卫工作。

明成祖统治时期，对外贸易有较大发展。在国外市场上，中国的绫、罗、绸、绢，花色日新，巧工百出，十分美观。著名的永乐甜白、青花及其他彩瓷，造型美观，色彩绚丽，受到国内外的赞誉。

但要把众多的物品运到国外，对船的要求是很高的。船的好坏是远渡重洋的重要先决条件。下西洋前，由户部、工部筹备制造宝船。根据记载，1403 年，福建造海船 137 艘，南京造 50 艘，浙江造 1180 艘，每条船都有专名，例如：长宁、安济、清远等。明朝下西洋的船只有五种不同的规格，其中宝船最大，战船最小。

在航海技术上，也采用了先进的技术，所使用的磁性罗盘针已相当精确，24 个方位，还能使用铅锤来测量海水的深浅。

为了供应下西洋所需要的物资，明政府准备了大批的粮食、绸缎、布匹、金银以及其他生活用品。可想而知，这支船队是多么的庞大！

一切准备工作就绪，闻名中外的七下西洋的序幕拉开了。

二、第一次下西洋

1405 年，郑和第一次下西洋的船队组成了。这是个大得惊人的船队，有 62 艘巨大的宝船，加上中小船只，共有百余艘，船队有 27000 多人参加。

1405 年 7 月 11 日，秋高气爽。苏州刘家港和平常的日子大不一样，锣鼓喧天，人山人海，彩旗招展，人们在欢送出使西洋各国的明朝使者郑和。一面大旗在宝船上飘扬，高大魁梧的郑和站在船头，向欢送的人们挥手告别。62 艘海船拉开了长长的船队，浩浩荡荡顺长江向远方驶去。

船队从长江口驶入东海，在白茫茫的大海中，船队乘风破浪。经过十多天的行驶，在前面隐约出现了一片陆地，占城（今越南南部）到了。郑和和伙伴们高兴得跳了起来，因为这是他们出使所到的第一个国家。占城的国王听说中国的大船队到了，非常高兴，亲自前来迎接。只见国王骑着大象，头戴金花冠，身上穿着节日的服装，由 500 名威武的士兵簇拥着。士兵们一手拿刀，一手拿盾牌，随着行列中的袅袅椰笛声，翩翩起舞。这是占城国迎接尊贵客人最隆重的仪式。欢迎仪式后，郑和把中国的礼物送给国王，国王把占城的礼物送给郑和。

在送给郑和的礼物中，有一珍奇异宝，形如美石。每月十五夜里，把它放在海边，就会有许多宝物集中在一起，因此，把这宝物称为"宝母"。郑和收到礼物后，代表皇帝向占城国王表示感谢。商人们都纷纷来做生意，驰名世界的中国瓷器、绸、缎博得了很高的声誉。中国船队收购了占城商人送来的象牙、香料和药材。

郑和的船队在占城停留几日后，经过爪哇、苏门答腊，到了满剌加（今马六甲）。满剌加的国王亲自率领大臣们，穿着华丽的盛装，带着仪仗队前往港口迎接。郑和向国王宣读了永乐皇帝的国书，赠送了优厚的礼物。国王十分感谢中国的使者，大力支持郑和的远航，不仅提供了物资援助，而且同意郑和在那里建立仓库，存放货物。以后，郑和下西洋就以此为中转站。这对于郑和航海任务的完成起了很大的作用，它体现了中国和满剌加两国间的友谊。

从那儿以后，满剌加有 3 个国王来中国进行了友好访问。1411 年，国王拜里迷苏剌带着妻子和 500 多随从访问中国，受到了明成祖友好的接待，举行了盛大的欢迎宴会。国王回国时，朝廷还送给他黄金、白银、锦绮纱罗和绢等许多珍贵的礼物。

郑和的船队在满剌加逗留了一段时间后，又到了印度半岛西南端的古里。中国和古里早就有往来，郑和在古里立了一个碑留念，表示中古要世世代代友好下去。

船队到古里后，古里的国王就派下属同中国宝船的领队人进行十分有趣的摸手议价贸易。双方选定日期，到时国王派两位大臣来主持，郑和派人将各种货物带到交易地点，双方当着面，一件一件地通过摸手来公平议定价格。这种买卖双方互相把手伸到对方袖子里摸手指来议价的办法，在中国和东南亚许多国家都有过。价钱议定后，写好合同，最后双方击掌，交易就完成了。事后不论价贵价贱，不得悔改，主持人就宣布某日取货。

在古里，郑和了解了许多的风土人情。例如，古里人民信奉佛教，尊敬牛和象，养牛只准喝奶，不准杀牛吃肉，私自杀牛者就要被处罚。郑和了解了这些情况后，命令部下切实尊重当地的风俗习惯。

古里是郑和出使的最后一站。结束了对古里的访问，郑和的船队开始返航。在回国的路上，郑和遇到了一件麻烦事。

旧港地方有个海盗头目，名叫陈祖义。他占据了一个海岛，纠集了一支海盗队伍，专门抢劫过往客商的财物，经常谋财害命。过往的旅客和附近居民，无不对他恨之入骨。这次他听说郑和船队带着大批宝物经过，分外眼红，就与同伙合计，表面准备热烈欢迎，实际想趁郑和不备，就动手抢劫。

陈祖义的计划被一个名叫施进卿的人得知，他偷偷派人到船队告诉了郑和。郑和心想：我手下有数万士兵，还怕你一个小小的海盗？既然你要来偷袭，就非给你点颜色看看。他命令把大船散开，在旧港港口停泊下来。所有士兵准备好火药、刀枪，严阵以待。

当天夜里，海风大作，乌云翻滚，一片漆黑。陈祖义认为这是动手偷袭的好机会。于是，就率领一队快船，偷偷驶向宝船。距离越来越近了，看到宝船上的灯光都熄灭了，不少匪徒估计郑和可能有了准备，不禁害怕起来，陈祖义则给匪徒们鼓气说："他们熄灯一定是睡觉了，大家还不快上！"于是，匪徒们加快划船，当匪徒们接近宝船时，早有准备的郑和一声号令，火铳齐发，霎时间烟雾弥漫，火光冲天，铁砂如雨。陈祖义的部众有的落入海中，有的狼狈而逃。郑和命令士兵点亮火把，包围匪船，勇敢的战士们把匪徒团团围住，奋不顾身地冲上船去。强盗们有的被打死，有的被俘，陈祖义也被活捉了。

郑和为当地居民除了一大害，人们无不拍手称快。此后，旧港和中国一直保持着友好的关系，彼此之间使者往来不断。

　　1407 年 9 月，郑和圆满地结束了对西洋国家的友好访问，回到了南京。明成祖见郑和把出使的任务完成得这样出色，非常高兴。明成祖为了同更多的国家通好，又派郑和第二次出访西洋各国。

三、第二次下西洋

1407 年 10 月 13 日，郑和在南京做了短暂的修整后，率领船队从刘家港出发，开船到福建，再由福建南下，首先到占城，再由占城到爪哇国。

元朝忽必烈时，爪哇曾一度与元兵戎相见，后又和好。郑和在第一次下西洋率船队到达爪哇时，正是爪哇西王与东王互相攻杀、东王被灭的时候。由于郑和先经过东王之地，还没有来得及拜会西王，西王的士兵误杀害了 170 名与华侨相会和进行交易的船员。郑和非常生气。西王自知理亏，怕事情闹大，便派人来明朝谢罪。谢罪使臣来到中国，明成祖气得不予接见，并谴责爪哇国。西主畏惧，献黄金数万两以补偿郑和死难的士兵。

从此以后，爪哇与中国一直保持友好关系。

据史料记载，明朝的一艘船曾在海上遇到了风暴，船上士兵落海，飘到了爪哇国附近的一个地方。有个爪哇人珍班出钱把明朝士兵赎了回来，后由爪哇国王将他们送回了中国。永乐皇帝赠送了许多礼物表示感谢。有一次爪哇使者回国，也遇到了风暴，落水人飘到了广东沿海，明朝也给他们以帮助，将他们送回国。这些事迹都是两国人民友好的见证。

我们回来再说郑和的船队。他们从爪哇到了暹罗国（今泰国）、满剌加，又继续向印度洋行驶，一直到柯枝国（今印度半岛西南的柯钦一带）。

柯枝国在唐宋时期就与中国通好。这个国家每年从五六月到八月几乎天天下雨，所以当地人说是"半年下雨半年晴"。这样的气候适于种胡椒，柯枝国有"胡椒国"之称，郑和的船队在柯枝受到了国王和居民的热烈欢迎。

离开柯枝后，又到了古里、锡兰。1409 年夏天，郑和顺利结束了对西洋各国的第二次访问，回到了南京。

四、横渡印度洋的第四次远航

1409 年 10 月，在短暂的修整后，郑和又率官兵 27000 余人出海远航，开始了第三次下西洋的旅程，并于 1411 年 7 月顺利返航。

前三次下西洋，郑和打通了通往印度半岛的航路。为了出使更远的波斯湾各国，永乐皇帝命令郑和横渡印度洋远航。

这次出使，路程要比以前远得多，路也更艰险，郑和和船员们做好了充分的准备，找了通晓阿拉伯语的翻译人员。一切准备工作就绪，1413 年冬，郑和率船队沿旧路首先到了占城，然后访问了爪哇、满剌加，再到达苏门答腊。

苏门答腊北临大海，南靠大山，是南海通往印度洋的重要通道。这个国家的前国王在与其他国家作战时中毒箭而死，土地也被占去了一大半。这时王子还小，不能为父报仇。王后当众宣誓："谁能替我丈夫报仇，收回国土，我愿意做他的妻子。"有个渔夫说："我能替你报仇！"于是，渔夫率军队，勇敢作战，收复了失地，报了仇。王后果然做了渔夫的妻子。渔夫自称为老王，所有王室的财产也由老王掌管。后来，先王的儿子长大成人，杀死了老王，夺得王位。渔夫的儿子苏干剌带领部下逃到山上，积蓄力量，伺机报杀父之仇。

郑和就是在此时到了苏门答腊。国王亲自迎接，双方互赠礼品。苏干剌怨恨郑和的船队把珍宝送给了国王，于是率部下袭击郑和一行人员。郑和联合国王共同还击，生擒了苏干剌，使得苏门答腊的局势稳定下来。

郑和在苏门答腊停留了一段时间，继续航行，经锡兰到古里，在古里稍做休整，又向前航行。与风浪经过 25 天的英勇搏斗，船队到达了波斯湾口的忽鲁谟斯（今天属于伊朗）。

中国客人到忽鲁谟斯之后，国王在王宫里举行了隆重的欢迎仪式，彼此互赠了礼品。当地人得知中国宝船到来，奔走相告，并用琥珀、珊瑚等宝石来交换丝绸、瓷器等中国商品。

郑和在忽鲁谟斯停留一段时间后，启程返航，途经溜山国，也就是今天的马尔代夫群岛。溜山共有八大溜，就是马尔代夫群岛中较大的八个岛屿。

溜山是个美丽的海岛国，在很早就曾吸引了不少游客。在元朝时，摩洛哥旅行家伊本·白图泰，曾两次到溜山，发现这里多为女王执政，就称这个国家为"女人国"。这个国家的居民多从事渔业，他们在海洋上谋生，战胜暗礁风浪，积累了丰富的航海经验。当郑和的宝船到那里时，溜山的老舵手们前来为宝船导航，使他们平安到达溜山。

自从郑和访问了溜山后，溜山王也派使者来中国访问，受到了明政府的优厚接待和赠赐。

1415 年 8 月，郑和完成了横渡印度洋的远航，回到了南京。

五、第五次下西洋

郑和四次下西洋后，明朝在东南亚和西南亚的影响大大加强，一些国家不断派使者来中国，为了回访，明成祖再派郑和出使。

1416年底，郑和率船队出发，第一站是占城，然后继续航行。印度洋一向以凶猛的风暴和滔天的海浪著称，即使现代的船只也视之为险途。中国海船虽然曾远航过印度洋，但只是沿陆地海岸航行。郑和的船队以大无畏的气概和高超的航海技术，经过英勇奋战，经过爪哇、满剌加、苏门答腊、锡兰、柯枝、古里、阿丹，终于到达了一个新的世界。只见那里荒山秃岭，寸草不生，居民身躯矮小，皮肤黑色，上身裸露。原来这就是非洲大陆。船队到达了剌撒，又绕过了非洲东北角继续前进。越是往南，气温越高，使人难以忍受。他们经过了荒凉的渔村，继续向南，到了木骨都束。

木骨都束的国王听说郑和到了，亲自前往欢迎，设宴招待。郑和向国王赠送了礼品，然后进行了参观。这里气候炎热，遍地是黄土赤石，土地贫瘠，农产收成很低。这里多用石头砌房，分上下两层，上层住人，下层为厕所和牲畜棚。

郑和临走时，国王派使臣一道来中国，并赠送给明朝皇帝一只长颈鹿。

离开木骨都束，船队最后来到麻林（今

长颈鹿

东非肯尼亚马迪林)。郑和还想继续南行，但是那里森林密布，遍无人迹，郑和在当地人的劝阻下，由麻林横渡印度洋返航。1419 年回到南京。

郑和这次回国，随他来中国访问的有 16 个国家的使臣，并都赠送了礼物。比如忽鲁谟斯送的鸵鸟，永乐皇帝还亲自带领大臣们在奉天门观赏，因为这是在本国从未见过的奇禽。

鸵鸟

六、最后一次远航

1421 年 3 月 3 日，明成祖命令郑和护送来朝的十六国使节回国。为赶东北季风，郑和率船队很快出发，开始了第六次下西洋之旅，并于 1422 年 9 月顺利返航。

1424 年，明成祖去世，他的儿子明仁宗继位。明仁宗下令：停止修造宝船，停止下西洋。明仁宗当了一年皇帝便去世了，他的儿子继位，即明宣宗。由于停止了下西洋，西洋各国和中国的关系有的疏远，有的中断，海外贸易也不景气了，明朝的政治影响正在削弱。为了改变这一情况，明宣宗决定派郑和再下西洋，到各国进行友好访问。

此时的郑和已进入晚年，头发花白，但他仍壮心不已，欣然接受了这次远航的任务，积极物色人才，准备船只和物资。

1431 年初，郑和的船队从南京出发，先到刘家港暂停。沉默了许多年的刘家港又喧闹了起来，60 多艘海船组成的庞大船队像以前一样，从这里启航。年过 60 的郑和，精神不减当年，他雄姿英发地站在船头，挥手向祖国的父老告别，开始了他最后的一次远航。

与此同时，在筹备远下西洋期间，郑和、王景弘等人在出海前夕，寄泊福建长乐以等候季风开洋，郑和船队在长乐停留约半年，曾率领将士和州府官员，到福建湄州屿，卖办木石，重修湄州天妃宫。随后郑和等人又在长乐县南山三峰塔寺之旁，修建长乐天妃宫，并于 11 月建成。在重修长乐南山的天妃行宫、三峰塔寺并新建三清宝殿之后，镌嵌《天妃灵应之记碑》于南山宫殿中。天妃宫修建完毕，郑和还曾立《通番事迹记》碑："……和等自永乐初，奉使诸番，今经七次，每统官兵数万人，海船数百艘，自太仓开洋，由占城国，暹罗国，爪哇国，柯枝国，古里国，抵西域忽鲁谟斯等三十余国，涉苍溟十万余里……明宣德六年，正使太监郑和、王景弘，副使太监朱良、周满、洪保、杨真，左少监张达等立。"同时，郑和等人还铸造铜钟一口，铭文："永远长生供养，祈保西洋往回平安，吉祥如意者，大明宣德六年岁次辛亥仲夏吉日，太监郑和，王景弘同官军人等，发心铸造铜钟一口。"

1433 年，返航途中，当船队航行至古里附近时，郑和因劳累过度一病不起，于 4 月初在印度西海岸古里逝世。郑和船队由正使太监王景弘率领返航，经苏门答腊、满刺加等地，回到太仓刘家港，后到达南京。

由于国家政治、经济形势已走下坡路。明宪宗时，也曾想再下西洋，但心有余而力不足了，只好作罢。

郑和下西洋在明朝是一件震动国内、影响海外的大事，他的英雄事迹曾被编成戏剧、写成小说而广泛流传。

郑和七下西洋，是人类征服海洋的空前壮举。在世界航海史上留下了光辉的篇章，在中国和亚非各国的友好关系史上也做出了不可磨灭的贡献。

郑和下西洋扩大了同各国的贸易交往。郑和船队带去的物品有刺绣、雨伞、绸缎、青瓷盘碗、书籍、樟脑、金、银、铜、米、谷、豆等，从外国带回的物品有明珠、象牙、珊瑚树、水晶等珍宝，鸵鸟、狮子、金钱豹等动物，还有很多药材。

随着贸易的往来，经济文化和技术上的交流也开始了。郑和带去丝和丝织品的同时，丝织技术也传到了西洋国家，中国的书、绘画艺术也传到了西洋各国。西洋的佛教、美术对中国也产生了影响。

郑和七次出使，在西洋各国人民中留下了深刻的印象，尤其是东南亚许多地方的人都把郑和视为神明，并建庙祀奉，数百年来香火不断，民间还流传着不少关于郑和的故事。由此可见东南亚人民对郑和的怀念和崇敬。

郑和不但是一位出色的外交家，还是位优秀的航海家。意大利航海家哥伦布和葡萄牙航海家达·伽马开辟世界新航线，是在15世纪末和16世纪初，而郑和下西洋，横渡印度洋，直抵东非，却在15世纪初。张骞出使西域，打通了中西陆路交通，开辟了著名的丝绸之路，那时候的汉朝以一个富强辽阔的封建国家屹立在世界的东方。人们常把郑和同张骞相媲美，有的还称郑和开辟的新航路为"海上丝绸之路"。

郑和下西洋的壮举体现了中华民族宏伟而无畏的气魄、奋发前进的精神和积极争取同各国友好交往的愿望，也反映了明朝国势强大，经济、文化兴盛，在世界是个强大先进的国家。如果没有国内政治上的稳定，没有良好充分的物质条件，没有先进的造船和航海技术，也就不可能有七下西洋的壮举。

郑和卓越的指挥才能和杰出的外交、军事智略令人敬佩，他的英雄事迹，永远值得后世敬仰和纪念。

第三章 科技传播与海上丝绸之路

一、造纸术的外传

我国是世界四大文明古国之一，最重要的标志是中国有四大发明，即造纸术、印刷术、指南针和火药。四大发明对人类生活影响巨大。17世纪英国哲学家培根说过："它们改变了世界上事物的全部面貌和状态，从而产生了无数的变化。"

中国是四大发明的开创者，但它们是如何被世界所知道的呢？又是如何传到世界其他国家的呢？途径无非有两个：陆路和海路。那么很显然，海上丝绸之路是传播四大发明的一条重要通路。

造纸术是中国四大发明之一，是人类文明史上的一项杰出的发明创造。中国是世界上最早养蚕织丝的国家，古人以上等蚕茧抽丝织绸，剩下的恶茧、病茧等则用漂絮法制取丝绵。漂絮完毕，篾席上会遗留一些残絮。当漂絮的次数多了，篾席上的残絮便积成一层纤维薄片，经晾干之后剥离下来，可用于书写。这种漂絮的副产物数量不多，在古书上称它为赫蹏或方絮。这表明了中国造纸术的起源同丝絮有着很深的渊源。

公元105年，蔡伦改进了造纸术，形成了一套较为定型的造纸工艺流程，其过程大致可归纳为4个步骤：第一是原料的分离，就是用沤浸或蒸煮的方法让原料在碱液中脱胶，并分散成纤维状；第二是打浆，就是用切割和捶捣的方法切断纤维，并使纤维帚化，而成为纸浆；第三是抄造，即把纸浆渗水制成浆液，然后用捞纸器（篾席）捞浆，使纸浆在捞纸器上交织成薄片状的湿纸；第四是干燥，即把湿纸晒干或晾干，揭下就成为纸张。汉以后，虽然工艺不断完善和成熟，但这4个步骤基本上没有变化，即使在现代，在湿法造纸生产中，其生产工艺与中国古代造纸法仍没有根本区别。

纸是用以书写、印刷、绘画或包装等的片状纤维制品。一般由经过制浆处理的植物纤维的水悬浮液，在网上交错地组合，初步脱水，再经压缩、烘干而成。中国是世界上最早发明纸的国家。根据考古发现，公元前206年至公元前8年，我国已经有了麻质纤维纸，质地粗糙，且数量少，成本高，不普及。

远古以来，中国人就已经懂得养蚕、缫丝。秦汉之际以次茧作丝绵的手工业十分普及。这种处理次茧的方法称为漂絮法，操作时的基本要点包括反复捶打，以捣碎蚕衣。这一技术后来发展成为造纸中的打浆。此外，中国古代常用石灰水或草木灰水为丝麻脱胶，这种技术也给造纸中为植物纤维脱胶以启示。纸张就是借助这些技术发展起来的。

历史上关于汉代的造纸技术的文献资料很少，因此难以了解其完整、详细的工艺流程。后人虽有推测，也只能作为参考之用。总体来看，造纸技术环节众多，因此必然有一个发展和演进的过程，绝非一人之功。它是我国劳动人民长期经验的积累和智慧的结晶。

随着时间的流逝，外国的许多国家知道了中国的造纸术，他们特别想看一看中国的纸是什么样子，更想得到造纸的方法。

随着海上丝绸之路的开辟，中国和其他国家的交往越来越多，纸也就传了出去。

据史料记载，造纸术首先传入与我国毗邻的朝鲜和越南，随后传到了日本。在蔡伦改进造纸术后不久，朝鲜和越南就有了纸张。中国的造纸术也传到了中亚的一些国家，并从此通过贸易传播到了印度。

欧洲人是通过阿拉伯人了解造纸术的，最早接触纸和造纸技术的欧洲国家一度是阿拉伯人、摩尔人统治的西班牙。

当纸传入欧洲之前，欧洲人把字写在石头、蜡板、纸草、羊皮上。纸草一经折叠就会断裂，不易保存。羊皮价钱很贵，抄写一部《圣经》就要用300多只羊的皮，成本太高了。中国的纸传入欧洲后，立即引起了一场造纸战，各地纷纷设立造纸工厂，改进造纸技术。

后来，纸又传到了美洲，这样，世界就都知道了中国的造纸术。

二、印刷术对人类的贡献

大家都知道，我们平时看的书、报纸等都是印刷出来的，但在印刷术发明之前，都是人们一笔一笔地抄写。一本书即使字数不多，也需人们花费很多时间去抄写。

我国劳动人民很早就发明了拓碑和印章。唐朝时，我国人民受拓碑和印章的启发，发明了雕版印刷术。把木材锯成一块块木板，把要印的字写在薄纸上，反贴在木板上，再根据每个字的笔画，用刀一笔一笔雕刻，使每个字的笔画凸出在木板上。木板雕好以后，就可以印书了。印书时，先用刷子蘸上墨，在雕好的板上刷一下，接着，把白纸覆在木板上，再用一把干净的刷子在纸背上轻轻刷一下，把纸拿下来，一页书就印好了。一页一页印好后，装订成册，一本书就印出来了。

到了北宋仁宗年间，我国有个发明家叫毕昇，发明了一种更先进的印刷方法——活字印刷术。用胶泥做成一个一个四方长柱体，一面刻上一个字，再用火烧硬。印书时，先预备一块铁板，铁板上放上松香和蜡之类的东西，铁板四周围着一个铁框，铁框内密密地排满活字，一铁框为一版，再用火在铁板底下烤，使松香和蜡熔化。另外用一块平板在排好的活字上面压一压，把字压平，一块活字板就排好了。最后在字上涂墨，就可以印刷了。

我国的印刷术，首先传到了朝鲜，后来又传到了日本、越南。元朝时，有许多欧洲人来中国，他们发现元政府印的纸币可以代替金银使用，觉得特别新奇。在杭州印书的地方很多，有些欧洲人就在这里住了几年，写了许多笔记，带回欧洲。例如，意大利的旅行家马可·波罗在元世祖时来中国，居住了十几年，回国时带走了纸币，并在他的游记中对元朝纸币作了非常详细的记载。这对欧洲印刷术的产生很有启迪作用。

14世纪末和15世纪初，欧洲开始出现了木板雕印的课本、宗教画等。到15世纪中期，雕版印刷术在欧洲已相当普遍了。与此同时，德国人谷登堡发明了活铅字印刷。它的材料是铅、锌、锑合金，易于成型，这比当时中国的印刷方法先进得多。但是，他比毕昇发明活字印刷晚了400多年，不能不说他的发明是在中国印刷术的影响下产生的。

中国的印刷术传到了埃及、美国、加拿大，传遍了全世界。被称为"文明之母"的印刷术的广泛传播，为世界各国出版大量书籍打下了可靠的基础，为人类享受文化生活提供了有利条件，对欧洲的"文艺复兴"和宗教改革也产生了积极影响。这是中国人民对世界文明做出的了不起的贡献。

三、海船有"眼睛"了

指南针是用以判别方位的一种简单仪器，又称指北针。指南针的前身是中国古代四大发明之一的司南，主要组成部分是一根装在轴上，可以自由转动的磁针。磁针在地磁场的作用下能保持在磁子午线的切线方向上。磁针的北极指向地理的北极，利用这一特性可以辨别方向。

中国是世界上公认发明指南针的国家。指南针的发明是我国劳动人民在长期的实践中对物体磁性认识的结果。由于生产劳动，人们接触了磁铁矿，开始了对磁性质的了解。人们首先发现了磁石吸引铁的性质，后来又发现了磁石的指向性。经过多方面的实验和研究，终于发明了实用的指南针。最早的指南针是用天然磁体做成的，这说明中国劳动人民很早就发现了天然磁铁及其吸铁性。据古书记载，远在春秋战国时期，由于正处在奴隶制社会向封建社会过渡的大变革时期，生产力有了很大的发展，特别是农业生产更加兴盛发达，因而促使了采矿业、冶炼业的发展。在长期的生产实践中，人们从铁矿石中认识了磁石。

在指南针发明以前，在大海里航行是非常困难的。白茫茫的一片大海，天连水，水连天，很难找到什么目标。白天，人们还可以靠太阳出没来辨别航行的方向；夜晚，可以看北极星。可是，每当遇到阴天下雨，太阳和北极星都看不见了，这就遇到了严重的困难。假如行错了方向，就会遇到危险。如果有了指南针，问题就好解决了。

指南针是一种指示方向的工具。我们现在看到的指南针，是一个圆形的小罗盘，罗盘中装着一根小针，中间粗、两头尖，能够在盘中来回旋转。不管我们把盘子怎样转动，小针总是一头指向南方，一头指向北方。因为指南针和罗盘结合在一起，通常把它叫作罗盘针。指南针虽然是个小小的东西，用处却很大，比如航海、航空等等，都离不开指南针。

指南针是由磁铁做成的。每块磁铁两头都有不同的磁极，一头叫 S 极，一头叫 N 极。我们居住的地球，就是一块天然的大磁铁，靠近地球的北极是 S 极，靠近地球的南极是 N 极。根据同性相斥、异性相吸的原理，拿一根自由转动的磁针，随意放在一个地方，它的 N 极总是指向北方，S 极总是指向南方。我国劳动人民在春秋时期就发现了磁铁的这一性质。

在秦朝有个传说。秦始皇统一中国后，在陕西造了一个阿房宫。阿房宫中有一个磁石门，是完全用磁铁造成的。如果有谁带着铁器去行刺，只要经过那里，磁石门就会把人吸住。

汉武帝时，胶东有个叫栾大的人，献给汉武帝一种斗棋。这种棋子一放到棋盘上，就会互相碰击，自动斗起来。汉武帝看了非常惊奇。其实栾大的棋子是用磁石做的，所以有磁性，能互相碰撞，只是汉武帝不懂这个道理罢了。

我国最早指示方向的工具叫司南，唐朝时，又创造了指南鱼。指南针大约是在北宋宣和年间发明的。北宋史料曾记载，当时渔船上的人为了辨别地理方向，晚上看星辰，白天看太阳，阴天下雨就看指南针。

到了南宋，人们已经用"针盘"航行了。说明指南针已和罗盘针结合在一起了。罗盘是用木头做的，也有用铜做的，盘的周围刻上东西南北等方位，人们只要把指南针所指的方向和盘上所刻的正南方位对准，就可以很容易地辨别航行的方向了。

明朝时，我国是世界上经济比较发达的国家，需要同海外各国加强经济文化交流，明政府则派郑和七次下西洋。下西洋的宝船是当时海上最大的船只，这些船上就有罗盘针和航海图，还有专门测定方位的技术人员。这支船队到过印度支那半岛、南洋群岛、波斯和阿拉伯的许多地方，最远到过非洲东岸。在这样多次大规模的远航中，罗盘针是起了相当大的作用的。

有了指南针，人们在航行中，还能慢慢摸出一条条新的航线。元朝时，我国许多书上记载着到海外各国去的航线。这些航线，因为是靠指南针得来的，所以当时称为"针路"。

我国不但是世界上最早发明指南针的国家，而且也是世界上最早把指南针用在航海事业上的国家。海船从此有了"眼睛"，人们在海上航行，再也不怕迷失方向了。航海事业发达了，也就促进了各国之间的经济贸易和文化交流。

北宋年间，我国的海船往来在南海和印度洋上，能一直开到阿拉伯，与阿拉伯人做生意。阿拉伯人来我国的也很多，大多都是乘中国船来的。看到中国船都用指南针，便也学会了制造指南针的方法，而且把这个方法传到了欧洲。12世纪末、13世纪初，阿拉伯和欧洲一些国家，也开始用指南针来航海了。

指南针通过美丽的"海上丝绸之路"传至欧洲，对于欧洲航海事业的发展起了很大的作用。15世纪至16世纪，欧洲各国航海家开辟了新航路，发现了美洲大陆，完成了环球航行。他们用来辨别方向的法宝，就是指南针。

指南针的发明，对世界航海事业的发展做出了重大的贡献。

四、火药传到了国外

火药，又被称为黑火药，是在适当的外界能量作用下，自身能进行迅速而有规律的燃烧，同时生成大量高温燃气的物质。在军事上主要用作于枪弹、炮弹的发射药和火箭、导弹的推进剂及其他驱动装置的能源，是弹药的重要组成部分。火药是中国四大发明之一，更是人类文明史上的一项杰出的成就。

为什么叫"火药"呢？用火联系起来很容易理解，因为它特别容易着火，有强烈的爆炸能力。那么为什么同"药"联系在一起呢？原来，火药是由三种成分构成的，即硫黄、硝石和木炭。这三种东西除了木炭，都是做药用的。硫黄和硝石都是医病的药，这两样东西和木炭结合在一起会发火，因此把这三种东西的混合物叫"火药"。"火药"这个名称就是这样来的。

要想知道火药的历史，我们首先要从古代的炼丹术开始说起。

在我国的战国到西汉这段时期，有些人梦想炼出长生不老的仙丹，或炼出更多的金银。这些炼丹家，当时称为"方士"。他们的目的是为了长生，为了发财。这本来是一种不可实现的梦想，可有些封建帝王、官僚贵族却信以为真。他们收罗了一些炼丹家，大搞所谓的炼丹。这些炼丹家在一次又一次的冶炼过程中，积累了不少冶炼的经验和化学知识。我国火药的发明，就跟炼丹有很大关系。东汉末年有个叫魏伯阳的，他写了一本书，专讲炼丹，书中提到炼丹所用的一些矿物，其中就有硫黄。

在宋朝初年有一本书中记载：隋初，有个叫杜子春的人去访问一个炼丹老人。天色已晚，炼丹老人留他住下。夜里他一觉醒来，看到炼丹炉里突然冒起大火，火焰一直升到屋顶，把房子都烧了。这就告诉我们，在那以前，可能已经有炼丹家发现火药了。

经过一次又一次爆炸起火，经过一次又一次冒险试验，终于有人找到了恰当的比例，进一步把硝石、硫黄和木炭这三种东西结合在一起，配制成火药。

唐朝末年，天下大乱，军阀割据，战争频繁。唐哀帝年间，有个叫郑璠的人去攻打豫章城（今江西南昌）。他命令士兵"发机飞火"，把豫章城的龙沙门烧了，自己带领一些人冒火登城，浑身也被烧伤。那么"飞火"是什么东西呢？其实，就是火炮一类的东西。这种火炮，可以说是最早用火药制造的燃烧性武器，用这种武器的目的，就是燃烧，它的燃烧力是相当大的。

那时，用火药制造燃烧性武器，除了火炮以外，还有火箭。根据记载，北宋太祖时，有个叫冯继升的人，向宋朝政府献上了做火箭的方法，宋朝政府还赏赐了他一些东西，作为奖励。

火炮和火箭燃烧快，火力大，不容易扑灭，在战场上的威力比弓箭和抛石机大得多。

火药不但具有强烈的燃烧性，而且还有剧烈的爆炸能力。北宋时，我国已开始制造爆炸性的火药武器了。到了南宋时，爆炸性的火药武器在战争中越来越多地被采用了。

1161年，金国皇帝完颜亮派60万军队，一直打到长江下游，企图一举灭亡南宋。南宋形势十分危急，南宋大臣虞允文赶到采石（今安徽马鞍市一带），准备抵抗敌人。他整顿军队，激励士气，迅速作好了战斗的准备。

完颜亮派大军驾驶船只，抢渡长江，并亲自在江边用小旗指挥。虞允文命令宋军的战船迎战，同时派当地民兵驾驶一种海鳅船冲锋。这种海鳅船上面装有踏车，由人用脚踩踏，激水前进。宋军向金军的战船发动了猛烈的反攻，海鳅船上的民兵冒着敌军射来的箭，拼命踏船向敌人猛冲过去。同时，宋军又放一种霹雳炮。这种霹雳炮点着后，一下子升入空中，然后又降落下来，落到水中又跳出来，在敌军面前燃烧和爆炸，声音好像打雷，炮中还散出大量石灰，像烟雾一样，迷住了敌军的眼睛。南宋军队趁势猛攻，金军人马很多都死在水中，宋军取得了这场战斗的胜利。

采石之战，宋军所用的霹雳炮，是用纸包裹石灰，爆炸之后石灰四处飞散，就能迷住敌军的眼睛。

南宋时，火药的使用越来越普遍了，火器也得到了进一步的发展。为了抵抗金兵，南宋的军事家们不断改进武器。有一个叫陈规的军事家，发明了一种管形火器——火枪。这种火枪是用长竹竿做的，竹管里装满火药。打仗的时候，由两个人拿着，点着火发射出去，用它烧死敌人。

火枪发明后，经过不断改进，南宋末年，又有人发明了突火枪。突火枪是用粗毛竹筒做成的，竹筒里放有火药，还放有一种叫"子窠"的东西。"子窠"可能就是一种最早的子弹。用火把火药点着后，开始发出火焰，接着"子窠"就射出去，并且发出像炮一样的声音。

随着生产力不断地向前发展，人们在不断积累前代科学技术的成果上，又发明了金属火器，后来又发明了火箭。

火箭的发明，是空间技术史上的一件大事。

我国最初发明的火箭，是靠人力用弓发射出去的。后来，人们又发明了直接利用火药力量来推进的火箭。明朝时，有人为了使火箭发挥更大的威力，把几十支火箭装在一个大筒里，把各支火箭的药线都连到一个总线上。用的时候，将总线点着，传到各支火箭上，就能使几十支火箭一齐发射出去，威力很大。

突火枪

由于火药技术的进步，人们还发明了原始的两级火箭。根据记载，当时有一种名叫"火龙出水"的火箭。用一根不足 2 米的大竹筒，做成一条龙，在龙身的前后各扎两支大火箭，这是第一级火箭，用来推动龙身飞行。在龙腹里，也装几支火箭，这是第二级火箭。使用的时候，先发射第一级火箭，飞到几千米远，引火线又烧着了装在龙腹里的第二级火箭，它们就从龙口中直飞出去，焚烧敌人。

14 世纪末，我国有人幻想利用火箭的力量来飞行。有个外国人叫赫伯特·瑟姆，他写的一本书中有这样的记载：14 世纪末，有一个中国官吏，曾经在一把椅子后面装上 47 支大火箭，人坐在椅子上，两只手拿着两个大风筝，然后叫人用火把这些火箭点着。他想借着火箭推进的力量，再加上风筝上升的力量，使自己飞向前方，结果没有成功。这位官吏的幻想虽然没有实现，但却是十分可贵的。它和现在喷气式飞机的原理是非常相似的。

中国是最早发明火药的国家。由于中国与世界各国的交往非常密切，特别是"海上丝绸之路"开辟后，中国的船队到达其他国家时，自然也把中国的技术带到了他国。

我国的炼丹术传到阿拉伯大约是在8世纪或9世纪，与此同时，硝石也传到了阿拉伯和波斯等地。南宋时，中国与阿拉伯交往频繁，火药的制造方法大概就是这时候传过去的。

与造纸术传播的途径一样，火药的制造方法，也是从我国传入阿拉伯，又从阿拉伯传到欧洲各国，并产生了巨大的影响。

14世纪，在西班牙、意大利和地中海的各岛上，阿拉伯国家和欧洲国家发生过几次战争。1325年，阿拉伯国家攻打西班牙的一个城市，曾用抛石机向城中发射"火球"，声如雷震，烧毁了不少东西，也伤害了不少人。欧洲国家在战争中知道了火药武器的厉害，便加紧学习制造火药武器的方法。到了15世纪，欧洲国家也造出了用火药发射的大炮。而在此之前，我国早已使用几百年了。

四大发明的外传，为世界的发展做出了重大的贡献。四大发明在世界上受到了广泛的赞誉。如果没有海上丝绸之路，四大发明的外传或许会更晚些吧！

五、瓷器的外传

中国是一个历史悠久的文明古国。中国的科学文化水平曾在较长时期内居于世界的前列。通过海上丝绸之路，中国在科技文化方面的许多发明创造，先后传到了世界其他各国。另一方面，其他国家在科技文化上的成就，也传入了中国。可以说，海上丝绸之路是中外科学文化交流的桥梁。

中国古代在科学技术方面有过许多创造发明，对人类的文明做出了很大的贡献。中国古代的科学技术成就对许多国家产生过影响，其中有很大一部分都是通过海上丝绸之路传播的。

首先应该提到的是丝绸和瓷器，这是最受海外各国欢迎的两种中国出口货物。为了满足消费者的需要，各国都竞相仿造。历史上中亚各国和波斯、大食都曾学习过中国的丝绸制作技术，但是主要是通过陆路进行的。日本则是通过海道学得的。据日本方面的记载，5世纪下半期，日本出使中国南方宋王朝的使节曾带回中国的纺织工人。与此同时，不少中国北方的汉人因战乱移居日本，养蚕织绸。这些中国侨民的到来，对日本丝织业的发展，起了很大的推动作用。13世纪上半期，日本曾有人乘海船到中国，学习制作广东绸缎的技术，回国后在博多创制了"博多织"，在日本丝织业发展史上占有重要地位。

瓷器是中国古代的一项重大发明。中国瓷器的制造技术传播极广。日本的制瓷业就是在中国的影响下兴起的。1223年，藤原景正（即加藤四郎左卫门）因为感到本国"土器"之"巧不如殊邦"（指中国），便随僧人道元搭商船入宋，在中国学习制瓷技术达6年之久，回国后模仿中国青瓷，创制了著名的"濑户烧"，在日本陶瓷史上开创了新纪元。17世纪中叶，又有日本人到中国学习制瓷技术；而且在这一时期，日本还从中国进口制瓷用的色料。高丽的制瓷业也受到中国的影响，宋代"高丽秘色"与"定瓷"被并列为"天下第一"。"定瓷"指河北定窑所出的白瓷，"高丽秘色"则是高丽仿照中国越窑青瓷烧成的青釉瓷器。中国的瓷器对远在大海另一端的波斯也有很大影响。

8世纪前后，波斯从中国输入唐三彩和邢州白瓷后，当地很快就仿造出波斯三彩（多彩彩纹陶器和多彩刻文陶器）和白釉蓝彩陶器。11世纪从中国输入青瓷后，波斯陶器原有的华丽色彩也逐渐消失，变为单色，以青色为主，而且中国瓷器的样式也逐渐增多。

中国瓷器也得到埃及人民的热烈欢迎，埃及的手工业工人为了满足市场的需要还自行仿制中国瓷器。11世纪起主要仿制青瓷，14世纪前后也仿制青花瓷器。在开罗附近的福斯特古城遗址中，发现了大量的陶瓷片，其中有中国陶瓷，但更多的是本地的仿制品。有的研究者认为，埃及仿制的青瓷，比起日本的"濑户烧"来，无论色彩和形状，都更为逼真。

总的来说，阿拉伯人的制瓷技术受到中国的深刻影响。在15世纪，意大利又从阿拉伯人那里学得了制瓷技术，后来又传播到欧洲其他国家。

六、丝绸在拉丁美洲的传播

从海上丝绸之路开辟之时起，到明代中期止，中国的丝绸，通过海道，远销亚洲和非洲的许多国家，并间接地转销到欧洲。这种情况，持续了 1000 多年，虽然具体国别在不同时期有所增减，但总的范围没有变化。到了 16 世纪，中国丝绸开始向一个新的方向传播——从东半球进入西半球。

15 世纪至 16 世纪，欧洲早期资本主义国家纷纷向亚洲、非洲、美洲扩展，掠夺海外殖民地。其中，西班牙殖民者在 15 世纪末"发现"了美洲新大陆，在那里建立了统治。1518 年，受西班牙国王的委派，麦哲伦率领的船队开始了环球航行。不久，麦哲伦死去，但西班牙殖民者的侵略活动并未因此中止。1565 年，菲律宾为西班牙殖民者所统治。当时，西班牙人来到菲律宾，不是像葡萄牙人、荷兰人那样绕过非洲好望角东来，而是从他们的殖民地墨西哥横渡太平洋而来。西班牙人在拉丁美洲的墨西哥与亚洲的菲律宾之间，开辟了一条海上航线。

菲律宾是个群岛之国。宋、元时期，其中有些岛屿已与中国有了联系。到了明代，吕宋、苏禄等岛国与中国的联系更加密切。据不完全统计，菲律宾诸岛在 1368 年至 1424 年间曾先后 15 次派人来中国访问，其中一次是由苏禄国王亲自率领的。明朝也曾派遣使节访问菲律宾诸岛。在明朝政府实行"海禁"期间，中国沿海居民仍有不少人私自出海来到这一带贸易。1521 年，麦哲伦来到菲律宾诸岛时，看到了当地使用的中国的丝织品、瓷器等物。1526 年，西班牙的一支远征队来到菲律宾南部的棉兰老岛，得知每年有中国商船到当地贸易。1567

年，明朝改变"海禁"政策后，中国商船前往菲律宾的不断增多。1572年，有3艘中国商船抵达马尼拉港，还有5艘中国商船前往菲律宾南方诸岛。1587年，到达马尼拉港的中国商船增至30艘。1589年，到菲律宾诸岛贸易的中国商船，经中国政府批准的即有41艘之多，其中到吕宋岛的有16艘，其余分别驶向各岛。17世纪上半期，每年来到吕宋岛马尼拉港的中国商船，最多时达50艘，一般为30至40艘，在各国船只中占居首位。在马尼拉港征收的入口税中，中国货物的比重不断增加，在1586年至1590年间平均每年约占1/3；到1596年至1600年间，已超过1/2；进入17世纪后，一般均占80％以上，有时超过90％。

征服菲律宾的西班牙殖民者，起初对中国商船进行抢劫，杀人越货。但是，他们很快便发现，与中国商人进行交易，可以得到更大的好处，便转而采取保护贸易的办法。于是，愈来愈多的中国商船，带来了多种多样的货物，有食品（面粉、咸肉、水果等）、家畜（牛、马、驴等）、家禽（鸡、鹅）、生丝、纺织品（丝绸、棉布）、火药、金属、陶瓷器、家具以及香料、药材，真可以说是无所不有。当时前往菲律宾贸易的，主要是福建漳州、泉州一带的商人，其次是广东的商人，他们运来的货物，有的是本地产品，也有一些则由其他地区贩运而来。例如生丝和丝织品，从江苏、浙江贩运，瓷器除福建出产外，大批来自江西景德镇。

运到菲律宾的中国货物，大部分供应当地居民和西班牙殖民者，唯有生丝和纺织品例外。纺织品主要有两类，一类是棉布，一类是丝绸。这两类纺织品输入菲律宾后，有一部分成为当地的消费品。例如，棉布在16世纪末已成为中国货物中最畅销的商品，西班牙殖民者曾禁止当地居民穿着中国衣料，但没有多大效果。这两类纺织品的主要部分，则由西班牙人购买，在马尼拉港转手，装上大帆船，运往拉丁美洲。生丝在进入菲律宾后，一部分转销日本，另一部分也向拉丁美洲出口。从16世纪末到19世纪初，这种由西班牙商船载运中国纺织品（主要是丝绸）和生丝来往于菲律宾、墨西哥之间的贸易，继续了200多年，被称为"大帆船贸易"。

中国纺织品是在1573年开始进入墨西哥市场的，开始数量很小，1579年起大量输入。在16世纪末，物美价廉的中国棉布便已在墨西哥市场上排挤西班牙的产品，成为当地印第安人欢迎的货物了。同样，中国丝绸在拉丁美洲很快便打开了销路，上层人物都以穿着中国丝绸缝制的衣服为荣，教堂争相用中国丝绸来制作饰物。17世纪初，有人说墨西哥市居民男男女女穿丝多于穿棉。所谓"穿丝"，主要是指穿中国绸缎。中国的生丝也很有市场，西班牙殖民者的残酷剥削，使印第安人的养蚕业在16世纪80年代以后逐渐衰落，到17世纪30年代，墨西哥的丝织业在很大程度上已经依赖进口中国生丝维持生产了。

中国丝绸不仅在西班牙畅销，而且由商人运往加勒比海诸岛和拉丁美洲其他国家。阿卡普尔科原是一个偏僻的小镇，1598年不过250户，由于马尼拉大帆船贸易的开展，逐渐繁荣起来，每逢满载中国丝绸的帆船来到时，这里都要举行盛大的集市贸易。集市贸易一结束，商人们便驱赶驮运中国货物的骡队争先恐后地奔向墨西哥城出售。从阿卡普尔科到墨西哥城全程约650千米，这段商路的沿线地带随着贩运中国货物的骡队转贸四方而发达兴旺起来，因而墨西哥人称之为"中国之路"。

　　中国货物运到墨西哥城后，大部分从这里转销墨西哥内地，也有一部分由这里运到西部港口，再装船转销加勒比海诸岛，或越过大西洋远销西班牙和欧洲其他国家。还有一部分则由墨西哥城输入中美洲。

　　盛产白银的秘鲁是中国丝绸的一个重要市场，1581年和1582年，秘鲁曾直接派船到菲律宾贸易，但很快便被西班牙王室所禁止。因此，秘鲁商人只好到阿卡普尔科采购中国的丝绸。每年马尼拉大帆船抵达阿卡普尔科时，这个港口的市场上就挤满了来自秘鲁的商人。这些货物运到秘鲁后，大部分在当地自销，另一部分则运销阿根廷、巴拉圭和大西洋沿岸其他地区，也有一部分南下运往智利。沿着南美海岸，无处不有中国丝绸的踪迹。

　　中国——菲律宾——拉丁美洲这条新航线的开辟，具有重要的意义。首先，在此以前，中国丝绸已经沿着海上丝绸之路传遍亚洲、非洲，并进入欧洲，也就是说已经遍及东半球。但只有在新航线开辟以后，才进入西半球。这在中国丝绸的传播史上，无疑是划时代的大事。其次，中国丝绸的运销，是马尼拉大帆船贸易得以进行的根本保证。没有中国丝绸，就不会有大帆船贸易，16至19世纪墨西哥与菲律宾之间的海上交通也就无法维持下去。而这条海上交通线，在二三百年期间内，是拉丁美洲与亚洲之间联系的主要桥梁。中国的丝绸对西半球与亚洲的联系，起了很大的作用。第三，中国丝绸在拉丁美洲市场上占有明显的优势，挤垮了西欧殖民国家的同类产品，这就说明，直到大机器工业兴起以前，中国的手工丝织业，无论在数量或是质量上都居于世界的前列。

丝绸织品技术曾被中国垄断数百年，由于其编制技术在当时是一种复杂的工艺，又因其特有的手感和光泽备受人们的关注。因而丝织品成为工业革命以前世界主要的国际贸易物资。最早丝织品只有帝王才能使用，但丝绸业的快速发展令丝绸文化不断地从地理上、社会上融入中华文化，并成为中国商人对外贸易中一项必不可少的高级物品。与此同时，丝绸是中国古老文化的象征，中国古老的丝绸业为中华民族文化织绣了光辉的篇章，对促进世界人类文明的发展做出了不可磨灭的贡献。

七、香料与药材的传入

在很长的历史时期内，中国一直处于世界文明的前列，中国人民在科学技术方面有过许多发明创造。英国李约瑟教授在他的名著《中国科学技术史》第一卷中，曾经列举了在 1 世纪到 18 世纪期间先后传到了欧洲和其他地区的 26 种"中国人的发明"，而且指出还有许多例子，甚至还有重要的例子可以列举。这些发明中有些可以确定是通过海上丝绸之路向外传播的，还有不少在传播路线方面，现在还不是很清楚。中国的科技发明对亚洲、非洲、欧洲和拉丁美洲都产生过不同程度的影响，这是毫无异议的。但是另一方面，海外国家的科技发明在历史上也对中国有所影响，特别是香药和农作物新品种的输入，意义是很深远的。

香料和药材是中国古代从海外进口的主要物资。进口香药在魏晋南北朝时就已经开始了，到了宋、元时期进口香药的数量很大，品种极多，所以当时常常以香药作为"舶货"（海船运来的进口货物）的代名词。明、清两代，香药在进口货物中所占比重有所降低，但仍占有重要的地位。中国进口的香料主要有龙涎香、龙脑香、沉香、乳香、木香、苏合香、丁香、降真香、豆蔻、胡椒等，药材有大枫子、阿魏、没药、荜澄茄等。这些香药都是中国所没有或很少出产的，它们的产地分别是阿拉伯半岛、非洲东海岸、印度次大陆，以及东南亚各国，也就是海上丝绸之路经过的有关国家。

药材主要用于治疗疾病，如大枫子可用于治疗大风症与皮肤病，阿魏用于消积、杀虫、解毒，荜澄茄主治脘腹胀痛、呕吐反胃，没药用于活血、散淤、消肿、定痛等。香料的用途很广，具有消毒杀菌、刺激食欲等多种功能，有的可用于医疗，有的可用于饮食，还有许多用于化妆品或净化环境。许多香料和药材的发现和利用，是海外各国人民为世界文明所做出的贡献。通过海道交通，中国人民逐渐懂得了许多香药的功能和用途，大量从海外进口，在医学上和生活中广泛加以使用。

唐代，中国的海外交通得到飞跃的发展，许多外国商人、水手纷纷来到中国，他们带来了各种香料和药材，同时也向中国人民介绍了这些香药的性能和用途。

到了宋代，随着海上丝绸之路的空前繁荣，香药在中国医学中的应用也愈来愈多。据不完全统计，宋人各种医学著作中所记载的以进口香药为原料制作的汤剂和成药，不下二三百种。

在宋代，人们对进口香药的医疗功能有了更多的认识，有的进口香药在前代已经用于医疗，但在宋代临床治病的性能扩大了。如乳香，在唐代甚至更早已经知道它有活血、理气、止泄的作用，但在外科上应用不多；到了宋代，外科医方大量使用乳香，《外科精要》所记载医方中使用乳香的有 14 个，占 1/5 以上。当时常以乳香与没药同时使用，提高疗效，这也是新的创造。有的进口香药，原来不作药用，到宋代才认识到它的医疗价值。

进口海外香药还促使中国的药物剂型发生了变化。中国的药物剂型，原来以汤剂为主，丸、丹、散、膏使用较少。到了宋代，丸、散的比重增大，汤剂减少。以《太平惠民和剂局方》为例，丸、散居第一、二位，汤剂退居第三位。产生这种变化的原因是，当时进口的海外药物的使用量急剧增加，其中香料药物普遍含有挥发性物质，煎熬容易破坏其有效成分，因而一般不宜久煎，于是丸、散便盛行起来了。

宋代以后，进口的海外香药一直在中医使用的药物中占有很大比重。人们对香药功能的认识也不断提高。例如，一直只用于焚熏用的龙涎香，到清代有人认识到它能活血、益精髓、助阳道、通利血脉。

香药在中国还有多种用途。首先是在饮食方面：加入适量香药，可使饮料和食品气味芬芳，刺激食欲，还可起防腐的作用。宋、元、明时期，上至宫廷、贵族，下至民间，都普遍在饮食上使用香料。其次是用来净化环境，祛除秽气。这在宋、元、明、清都很盛行。宫廷、贵族、大官僚焚熏均用上等名香，最受重视的是龙涎香，下层人民则用普通的香。总之，海外香药的大量传入，促进了中国医学的发展。中国的医学家们认真学习了海外各国人民在医疗上使用香药的经验，并在自己的实践中作了新的探索。临床上大量使用海外香药，可以说是中国传统医学的一大特色，它表明，中国医学的成就在一定意义上可以说是中外科技文化交流的结果。

八、农作物的传入

海外农作物的传入，对中国产生了很大的影响。中国在历史上是一个农业国家，在农业生产方面曾做出过许多重大的贡献，在世界农业发展史上占有重要地位。但是必须看到，海外农作物的传入，对中国农业的发展，曾经起过巨大的作用。

首先应该提到的是占城稻。1012 年，宋真宗"以江、淮、两浙路稍旱，即水田不登，遣使就福建取占城稻三万斛，分给三路为种，择民田之高仰者莳之，盖旱稻也。内出种法，命转运使揭榜示民"。显然，占城稻首先在福建种植，可能是由海路传入的。在 11 世纪初，福建种植占城稻已相当普遍，所以才会引起宋朝统治者的注意，才有可能一次就调拨三万斛。占城稻的特点是耐旱，它的传入对中国的稻米生产起了有益的作用。

棉花

棉花是中国的主要纺织原料之一。但是，在古代中国，纺织原料主要是丝和麻。棉花的大量种植和用于织布，是宋、元以后的事情。棉花的主要产地是印度次大陆和东南亚，并通过两种途径进入中国。一是北路，即经中亚传入中国新疆，再到内地。一是南路。南路比较复杂，先是由缅甸传入云南，继则由海道传入海南岛及两广一带，继又传入福建。棉花传入云南后，主要在当地栽植；两广和福建地区的棉花后来则向其他地区传播。明代邱浚说："宋元之间，始传其种入中国，关、陕、闽、广首得其利。盖此物出外夷，闽、广海通商舶，关陕壤接西域故也。"可见，海上丝绸之路对于棉花传入中国是起了很大作用的。

海外农作物传入我国，在明代为数最多。前文曾提到16世纪后期，西班牙人在菲律宾建立了殖民统治，开辟了菲律宾至墨西哥的航线，中国丝绸通过这条航线源源不断运往拉丁美洲，另一方面，美洲的一些农作物品种，如番薯、玉米、花生、烟草等，也经过

番薯

这条航线，先传到菲律宾群岛，然后又传入中国。

番薯先传到菲律宾，在当地到处栽种，因而很快便为中国商人所熟悉，纷纷把它带回福建栽植。据明末清初人周亮工说："番薯，万历年（1573—1620年）中得之外国，瘠土沙砾之地，皆可以种。初种于

漳郡，渐及泉州，渐及莆（莆田），近则长乐、福清皆种之。盖度闽海而南，有吕宋国……闽人多贾吕宋焉。其国有朱薯，被野连山而是，不待种植……润泽可食，或煮，或磨为粉……"西班牙殖民者不肯把番薯品种给与中国，"中国人截取其蔓咫许，挟小盒中以来"。与周亮工同时的苏琰则说番薯传入中国，先种入南澳，再移入泉州，时间在1584年至1585年间。

其实番薯传入福建有多种途径。另一个有名的例子是，长乐商人陈振龙去吕宋岛经商，也带回了番薯品种。1594年，福建发生饥荒，陈振龙之子陈经纶向福建巡抚金学曾建议推广番薯，作为度荒之用。这个建议被接受，经过试验后在福建各县普遍推行。后人为了纪念这件事，在福州乌石山建立先薯祠，祀奉金学曾和陈振龙。

1608年，长江下游地区发生旱灾，这时著名科学家徐光启正在上海，他听说番薯是一种很好的救荒作物，便托人从福建莆田求得薯种，运到上海栽种。但是番薯在江浙的广泛栽种，大概是17世纪后期的事，接着在其他地区也推广开了。

有关玉米传入中国的早期记载，比较可信的是田艺蘅的《留青日扎》（1573年）和李时珍的《本草纲目》（1578年）。田艺蘅是浙江人，他说："吾乡传得此种，多有种之者。"李时珍是湖北人，他说："种出西土，种者亦罕。"稍后，徐光启作《农政全书》，着眼于救荒，特别重视高产作物，对新引进的甘薯详加介绍，而对玉米只提了一下名称，说明当时对玉米的高产性能尚未认识到。大体可以说，玉米传入中国要比番薯早一些，传入的地点也应是福建，但直到明朝末年，并未广泛流传。1740年，安徽才从福建传入玉米种子，进行试种。自此，传播日广，特别在北方，很快便成为劳动人民的主要食品。

花生传入中国的时间和经过，不像番薯那样清楚。从现有记载来看，至迟应在 16 世纪 20 年代。黄省曾的《种芋法》（1530 年）已提到"落花生"。最初传入的地点也是福建，显然也是由商人从海外带回的。万历时（1573—1620 年）已在浙江等地种植。

烟草的产地是美洲，也在明代后期传入中国。清初叶梦珠说："烟叶，其初亦出闽中。予幼闻诸先大父云：福建有烟，吸之可以醉人，号曰干酒，然而此地绝无也。崇祯之季，邑城有彭姓者，不知何从所得种，种之于本地，采其叶，阴干之，遂有工其事者，细切为丝，为远客贩去"。王逋也说："烟草出闽中……予儿时尚不识烟为何物，崇祯末，我地遍处栽种。"到了清代，便在全国传播开来。

花生

此外，花生可以榨油，后来也在全国普遍栽种。随着烟草的传播，吸烟的习惯在清代逐渐普遍，烟草的种植面积也不断扩大。这两种作物的栽种，满足了社会生活的某种需要，同时也促使农业生产商品化。

上面所说的几种农作物传入中国，使中国农业生产的面貌发生了很大的变化。明朝末年，大科学家宋应星在《天工开物》中对当时的粮食生产作过估计，认为稻米占 7/10，麦、黍、稷占 3/10。刚传入不久的番薯、玉米根本没有提及。到了 18 世纪下半叶，番薯与玉米已在全国广大范围内传播开来，特别是在山区和贫瘠的土地，都以栽种这两种作物为主。清政府也采取各种措施，大力加以推广。番薯和玉米很快便成为中国广大劳动人民的主要粮食。

完全可以说，这几种海外农作物的输入和推广，标志着中国农业生产进入了一个新的阶段，意义和影响都是十分深远的。

第四章　海上的友谊丝路

一、中国与亚非各国的友好往来

在现代化交通工具发明使用以前，各国人民之间的交往，受到自然条件（海洋、高山、沙漠等）的种种限制，是很困难的。海上丝绸之路的开辟，对促进中国与亚非各国之间的政治联系以及人民之间的友好往来，起了良好的作用。海上丝绸之路是一条沟通中国同海外各国联系的友谊之路。

古代中国与海外诸国的关系，有政府之间的官方联系，也有民间的往来。这两个方面是相互促进的，民间往来的密切，常常导致政府之间联系的建立；而政府之间联系的建立和加强，又可以进一步推动民间往来的发展。

政府之间的联系，主要是通过互遣使节来体现的。由于中国是个大国，历代统治者以"天子"自居，因而外国使者的来访，通常被看作"朝贡"。古代中国与海外各国的政治联系，一般都是在"朝贡"名义下进行的。"朝贡"通常也是一种官方的贸易活动，这就是说，当时的政治联系实际上与贸易是有密切联系的。

中国与海外地区的交往可以追溯到遥远的古代。在汉代，海上丝绸之路已经开辟。与此相应，汉朝已与一些亚洲国家通过海道发生了联系。西汉武帝统治时期，都元、邑卢没、湛离、夫甘都卢、黄支等国，"皆献见"。汉朝的使节也前往各国，所至国皆禀食为耦，蛮夷贾船转送致之。

中国与日本的海道交通是海上丝绸之路的一条支线，公元57年，日本倭奴国遣使来汉，光武帝赠以"汉倭奴国王"金印。特别值得提到的是，公元166年，大秦国"遣使自日南郡徼外献象牙、犀角、玳瑁"。大秦就是罗马帝国。这是关于东、西两大国家发生政治联系的最早记录。当然这也有可能是罗马商人假借国王名义所为，即使如此，也足以说明两国之间已经开始直接接触了。

到了魏晋南北朝时期，海上丝绸之路有所发展，中国与海外诸国的政治联系也有所加强。隋唐时期，海上丝绸之路日趋兴盛。在海外贸易发展的同时，中国与海外诸国的政治联系也得到了进一步的加强。

与此同时，海上丝绸之路的支线——中日、中朝的海道交通也发达起来。607年，日本使节小野妹子来中国，隋炀帝派遣裴世清回访，隋使在日本受到了盛大的欢迎。日本的遣隋使先后有3次。到了唐代，日本先后任命遣唐使19批，但其中确实以遣唐使名义出使中国的则有13次。日本的遣隋使和遣唐使都有不同于其他国家使节的特点，那便是不仅仅为了友好的交往或开展贸易的需要，而是把学习中国的典章制度、科学文化放在首位。使团的规模很大，一般为二三百人，最多的达五六百人。朝鲜半岛与中国的交通，也有陆、海两道。735年，新罗政权统一了朝鲜半岛南部，与唐朝保持密切的联系。两国互派的使节，常从海上来往。

宋元时期，海上丝绸之路空前繁荣。中国同海外诸国的政治联系，也比过去更为频繁。宋朝建立后，立即分派使者出使"海南诸番国"，还命令沿海地方官嘱托外国客商，要他们回国时向本国政府"致达言意"，也就是转达宋朝政府希望同这些国家建立联系的意向。宋朝政府的主动积极态度，起了很好的推动作用，海外许多国家纷纷派遣使节，经由海上丝绸之路前来中国。

一般来说，中国与海外诸国的政治联系，是与贸易往来有密切关系的。向宋朝派遣使节的海外国家，是随着贸易的发展而逐渐增多的，那些向宋朝派遣使臣最多的国家和地区，往往也就是同宋朝海道贸易最频繁的国家和地区，如三佛齐、大食等。而且，中外海商对宋朝同海外诸国政治联系的建立和发展，起了很大的促进作用。阇婆国和渤泥国使节的前来，都是以海商为向导的。

元朝政府同样积极发展同海外诸国的关系，先后派遣许多使者前往东、西洋各地。海外诸国也纷纷派遣使节前来。其中关系比较密切的有暹罗、马八儿、真腊、罗斛等。元代中国与欧洲有着相当密切的联系。商人、教士来往不断，有的经过陆道，有的则经过海道。著名的意大利旅行家马可·波罗便是由海道返回欧洲的。

中国与海外诸国的政治联系，在明代前期有很大的发展。郑和七下西洋，在这方面起了很重要的推动作用。在此期间，东南亚和印度洋地区诸国和明朝之间有频繁的往来；东非的一些国家与明朝建立了联系；在长期中断之后，日本政府与明朝之间有了时断时续的官方联系，琉球政府与明朝关系密切。但到明代中期以后，由于明朝政府奉行"海禁"政策，再加上西方殖民者东来，印度洋地区和东南亚地区的许多国家先后沦为殖民地，中国与海外诸国的政治联系也就日益减弱了。

明代，中国与不少非洲国家通过海道建立了政治联系，这是不同于前代的特点之一。明代以前，中国虽对埃及的情况有一定的了解，但并未发生直接的政治联系。明代初期，曾派遣使节到达埃及，使节们对当地的风土人情作了记录，现在还有片段保存下来。此外，东非的木骨都束、不刺哇、麻林等国，在郑和下西洋期间，都曾与中国互派使节，发生联系。

　　明朝中期以后，中国与海外亚非诸国的政治联系有逐渐减弱的趋势，到了清代，就更加明显了。清朝政府实行闭关政策，允许"朝贡"的海外国家只有琉球、暹罗、苏禄等几个，其中只有琉球来往较为密切。海上丝绸之路在清代趋于衰微，因而中国与海外亚非诸国的政治联系也就愈来愈少了。

二、"番客"自远方来

随着海上丝绸之路的开辟和兴旺发达,前来中国的外国商人、水手、宗教人士等不断增多。中国人民习惯称他们为"番客",也就是外国客人之意。他们中间有的人在短期停留后便返回家乡,但也有一部分人在中国定居下来。在此之后,被称为"土生番客",后来就成为中国人的一分子。"番客"在唐、宋、元时期为数最多,到了明、清两代,海上丝绸之路逐渐由停滞到衰微,"番客"就愈来愈少了。

唐代以前,中国与海外诸国的贸易和政治联系规模不大,因此,前来中国的"番客"为数有限。从唐代起,情况发生了明显的变化,公元834年,唐文宗发布诏令,要地方官对岭南、福建、扬州番客常切存问。岭南的广州、福建的泉州、长江下游的扬州,是当时海外交通的重要港口,因而也是"番客"最集中的地方。

唐代的"番客"主要是波斯、大食人,其次是昆仑、占婆(宋、元时期的占城)、扶南、狮子国、天竺等。此外,还有日本人和新罗人。唐代中期,鉴真和尚在广州看见江中停泊着婆罗门(即天竺)、波斯、昆仑等国的船舶,不计其数;他还注意到狮子国、大食国、骨唐国、白蛮、赤蛮等,往来居住,种类极多。可见侨居广州的有来自许多国家的"番客"。扬州是唐代最繁华的都市之一,大食、波斯商人在这里,经营珠宝、香药贸易,不下于数千人。有的波斯人"商贩于此,已逾二十年"。泉州在唐代是个新兴的海港城市,也有许多海外"番客"往来。

这一时期前来中国的日本人中,除了政府委派的使节和使节船的水手之外,学生和学问僧占了很大比重。他们来中国的目的,主要是学习和移植唐朝的文化。学生一般在长安（今陕西西安）国子监学习，学问僧则遍游各佛教圣地，他们在中国的时间一般都比较长，有的达十余年之久。有的学生还在中国娶妻生子。有名的阿倍仲麻吕，汉名晁衡，旅华数十年，最后在中国病故。新罗的航海事业相当发达，它和唐朝之间的海道交通相当频繁，在楚州（今江苏淮安）以北沿海州县，到处都有新罗坊，置总管加以管理。新罗坊应该就是在中国的新罗侨民居住之地。日本使节回国时曾在楚州新罗坊租到新罗船9艘，并雇用在楚州和涟江县的新罗人，由海道沿新罗回国。可见，这些新罗侨民主要应是商人、船主和水手。

到了宋、元时期，"番客"的数量比起唐代大大增多，这和中外政治联系及贸易往来的发展是分不开的。这一时期的"番客"，主要居住在沿海的港口城市，以泉州、广州为最盛，杭州、明州、扬州等次之。

宋、元时期的"番客"中有许多人带妻儿在中国长期居住，还有一些就在中国娶妻生子。宋代广州、泉州均设有番学，就是适应这种需要，招收"番客"子弟入学。宋朝政府曾对"到中国居住已经五世"的"番客"的财产继承权作出专门的规定，可见这样的情况已相当普遍。到了元代，"番客"与中国人通婚的事情就更常见了。

从唐代起，活跃在海上丝绸之路上的，除了中国人之外，就要数阿拉伯人了。宋、元时期仍然如此。因此，在中国的"番客"中，大食人所占比重最大，其次则是占城、三佛齐、天竺的"番客"。元代，还有不少欧洲人由海道前来中国，为"番客"注入了新的力量。他们中主要是商人和水手，其次是宗教人士和其他职业者。"番客"中有一些著名的大商人，在所居的地方往往也有一定的势力。

宋、元时期，由海道来中国的还有日本人和高丽人。北宋和南宋前期，往来于中、日两国之间的主要是中国船，随船前来中国的主要是日本僧人。南宋后期和元朝，中国商船减少，日本商船增多，因而前来中国的日本商人、水手络绎不绝，许多日本僧人也搭乘日本商船前来。日本的商人、水手在中国港口停留时间都不长，很快就返回本国；日本僧人则往往到各处名山寺院寻师求法，在中国逗留的时间有的数年，有的在 10 年以上。据不完全统计，宋代到中国的姓名可考的日本僧人有 100 多人，元代有 200 余人。这一时期往来于中国和高丽海道上的，主要也是中国商船，高丽商船不多，因而到中国的高丽水手和商人为数有限。总的来说，宋元时期由海道来中国的日本人和高丽人在中国定居的很少，这与由南海航路前来的"番客"正好相反。

明代前期，推行"海禁"，对海外诸国前来贸易严加限制，因而除了"朝贡"的使节之外，经南海航道前来的"番客"几乎绝迹。少数例外的是跟随郑和下西洋船队一起返航前来的，有的在中国定居。

"番客"的前来和定居，对于中国与海外诸国的经济、文化交流起了有益的作用。他们与前往海外的华侨一起，为加强中外人民的友谊做出了贡献。

三、南洋华侨与海上丝绸之路

南洋，即东南亚地区。这个地区幅员辽阔、人口众多、资源丰富，地理条件优越，自古以来就是中国和印度两大文明古国海上交通的必经之地，在经济、政治、文化上受两国的影响很深。

中国人是在唐朝时开始移居南洋的，唐朝是中国历史上鼎盛的朝代，对外贸易、航海事业都很发达。唐朝的高僧义净，公元671年从广州出发去印度研究佛经，去归途中，两度在苏门答腊岛南部的宝利佛寺居住，前后共10余年。有人认为，他可以算是最早的印度尼西亚华侨了。唐朝华侨人数虽不多，但由于唐朝强大，经济、文化影响遍于世界，国际威望很高，因此华侨总是自称为"唐人"，称祖国为"唐山"，把自己的海外聚居地称为"唐人街"。

宋朝时，由于政治、经济重心开始南移，南方经济的发展超过了北方。宋朝的手工业、商业兴盛，海上交通比唐朝更为发达，发展和南洋各国的贸易往来，成为国家的财源之一。当时的华侨下南洋，乘的是风帆，要依靠季候风，有些人错过了返航的季风，只好在当地住下来，待来年再北返。后来，有的中国人就在当地居住下来，娶妻生子，便成了华侨。

明朝时，印度洋航运权几乎完全掌握在中国人手中。特别是郑和下西洋，增进了中国和南洋诸国的了解和联系，维护了通往南洋航道的安全，为华侨的出国和他们在南洋的经济活动创造了有利的条件。华侨在明朝已广泛地分布到南洋各地，他们开发侨居地，并形成了华侨的"新村"。

16世纪中叶到19世纪鸦片战争前的300年间，南洋华侨人数急剧增加，活动区域更为广大。到鸦片战争以后，华侨出国达到了高潮。

从古代到近代，中国人通过海上丝绸之路出国到南洋，目的是外出谋生，绝不是去征服和掠夺。他们来自一个有优秀文化传统的国度，刻苦坚毅，有较高的生产技术，在远离家乡的新天地里，他们凭借自己的聪明智慧，开发了南洋。

总之，海外香药的大量传入中国，促进了中国医学的发展。中国的医学家们认真学习了海外各国人民在医疗上使用香药的经验，并在自己的实践中作了新的探索。临床上大量使用海外香药，可以说是中国传统医学的一大特色。它表明，中国医学的成就在一定意义上可以说是中外科技文化交流的结果。

泰国在1939年以前叫暹罗，是中国的近邻，中国在那里的华侨也不少。18世纪中期，暹罗遭到缅甸的入侵，那里的人民奋起保卫自己的国家，华侨也踊跃参战，在1765年至1767年的大城保卫战中，涌现了一位有中国血统的民族英雄郑信。

18世纪中期，统治暹罗的是大城王朝，统治集团内部纷争不已，力量衰弱，而国力相对强大起来的缅甸则加紧了对暹罗的侵略。1760年，6万缅甸军队攻入暹罗，包围了首都。后来因发生了内讧而退出，但是缅甸亡暹之心不死。1764年，缅甸再次进犯，王城被围困达14个月之久。1767年4月，王城被缅军攻陷。大城王朝覆灭。此时的暹罗陷于群龙无首的状态，全国大乱，暹罗面临着亡国的危险。就在这时，出现了一个拯救暹罗的领袖郑信。

郑信的祖籍是广东澄海，他的父亲是中国人，母亲是暹罗人。1766年，大城被围困，郑信奉命守城。大城陷落前，郑信率精兵500名，从城东南突围，缅军立即派出一支2000人的队伍随后追击。郑信手持长刀，率部返身迎战。他身先士卒，士兵大受鼓舞，结果以少胜多，打退了追击的敌人。郑信的威信大大提高。郑信率部且战且撤，最后来到了靠近东部海湾的尖竹汶府。这里不仅靠近大海，而且粮草充足，于是，他便以这一带为抗缅复国的基地。在这里，他一面修造战船，一面挖沟筑垒，招兵买马，有许多华侨集中在他手下。

1767年10月，郑信拥有一支百艘战船的万人大军，溯湄公河而上，揭开了复国战争的序幕。11月初，攻下了吞武里城，接着挥师直迫大城。缅军虽负隅顽抗，但阻挡不住郑信的进攻，只能献城投降。大城的光复，宣告了复国战争的胜利。

国家光复后，郑信首先救济流离失所的百姓，并找到暹王的遗骸，举行了隆重的重新安葬仪式。由于郑信在短短几个月内完成了驱逐侵略者、恢复暹罗独立的功业，因此被拥戴为国王。1767年12月28日，郑信建都吞武里城，历史上就称之为吞武里王朝。

郑信对泰国国家和民族所做的贡献，博得了人们对他的敬仰，他一直被泰国人民当作民族英雄来赞颂。1950年，泰国政府拨款在吞武里建立郑王纪念碑。1982年，建成的横跨湄南河的最长公路桥就被命名为"达信大帝桥"。泰国政府还把12月28日郑信登基的这一天命名为"郑王节"，每年的这一天都要在雕像前举行纪念活动。

四、旅居海外的中国侨民

随着海上丝绸之路的开辟和兴盛，中国人前往海外的不断增多，其中有一部分，因为种种原因，就在海外定居下来，成为当地的侨民。人们习惯地把他们称为华侨。

在我国古代，华侨到海外定居，主要是以下几种原因造成的。一种是有些商人和水手，在前往海外进行贸易活动时，由于意外事故和其他情况，无法还乡，便在当地定居；也有一些商人和水手，则因海外地区有较好的生活条件，就不愿回乡，而在当地落户。在不同时期，不同的原因起主要的作用。但从根本上说，只有在海上丝绸之路的开辟和兴盛，人们对海外地区有较多的了解，对航路比较熟悉之后，才会出现较大规模的海外侨居现象。

在宋代以前，中国人侨居海外的现象并不十分普遍，除了前往日本的为数较多之外，前往其他地区可以说是很少的。华侨的大批出现，应自宋代开始。1112 年，有人向皇帝宋徽宗上奏说："访闻入番海商，自元祐（1086－1093 年）后来，押贩海船人，时有附带曾经赴试士人及过犯停替胥吏，过海入番。或名为住冬，留在彼国，数年不回，有二十年者，娶妻养子，转于近北诸藩国，无所不至。"宋朝政府针对这种情况，一面重申过去的禁令，不许犯罪作过者出海，同时又下令："曾预贡解及州县有学籍士人不得过海。"

南宋时仍旧有不少人到海外侨居。例如温州人薛氏，就是在南宋理宗景定初年，即 1261 年至 1262 年前往真腊落户的。南宋灭亡时，有不少人逃往海外，成为各地的侨民。其中，最有名的是丞相陈宜中，他逃往占城，后来又到暹罗，死在那里。1274 年 10 月，史料记载有宋人"以海船三十载其妻子货物浮海"到交趾（今越南一带）避难；可见，此外一定还有更多的宋人逃到交趾。

元朝统一以后，海上丝绸之路日益兴盛，移居海外的侨民也较前代增多。13 世纪末，周达观随元朝的使节访问真腊，见到那里有许多"唐人"（海外各国对中国人的称呼）与当地人民和睦相处。原因是："唐人之为水手者，利其国中，不着衣裳，且米粮易求，妇女易得，居室易办，器用易足，买卖易为，往往皆逃于彼。"元朝后期，暹罗派遣到中国的使节，就是一个侨居该国的中国杭州人。在加里曼丹岛附近的海岛上，也有"唐人与番人丛杂而居之"。元朝与日本曾发生军事冲突，但是两国的贸易关系并未中断，前往日本定居的中国人仍然为数不少，主要是僧侣和工匠，来自元朝的雕刻工人对日本的印刷业起了很大的作用。

元朝末年，中国发生农民起义，延续了 20 余年，全国处于巨大的动荡中。在这种形势下，又有不少人移居海外。15 世纪上半叶，郑和船队到达爪哇岛时，岛上的杜板、新村、苏鲁马益等处都有中国侨民。杜板"多有中国广东及漳州人流居此地"，新村"原系沙滩之地，盖因中国之人来此创居，遂名新村，至今村主广东人也"。苏鲁马益"其间亦有中国人"。旧港（今印度尼西亚苏门答腊巨港）"国人多是广东、漳州、泉州人逃居此地"。这些地方的中国侨民有些是前代前往的，但也有相当一部分是元、明之际移居的。1373 年暹罗派遣来华的副贡使陈举成，1381 年暹罗派遣来华的正贡使陈子仁，都是华侨，显然他们是在元、明之际或以前移居的。

明朝政府实行严厉的海禁政策，不准民间出海贸易，结果使海上走私之风盛行。从事海上走私的商人和水手，往往遭到明朝政府的追捕，无法返回乡土，于是不得不在海外侨居。明朝中叶以后，开放海禁，福建、广东一带百姓，为生活所迫，纷纷出海贸易，不少人就在海外定居；因此，明代的华侨数目，比起前代来，有了明显的增加。这一时期华侨最集中的地方是吕宋、暹罗、日本。

吕宋离广东、福建较近，所以闽、广的商人都纷纷前往那里贸易。他们之中大部分是贫苦农民、手工业者、小商贩，"或折阅破产及犯压冬禁不得归，流寓夷土，筑庐舍，操佣贾杂为生，或娶妇长子孙者有之"。

明代，暹罗派遣到中国的使节和通事，有不少都是在当地定居的中国侨民。华侨在暹罗和当地人民友好相处，辛勤劳动，为当地的发展做出了贡献。其中，以林道乾的活动最为著名。林道乾原是中国一个海上走私集团的领袖，明神宗万历年间到暹罗南部北大年港（今泰国南部）定居。他在当地致力于垦殖和海港建设，一面垦荒辟野成良田，一面又举办渔业，振兴航运。林道乾的妹妹也在北大年落户，受到华侨和当地人民的尊敬，至今北大年的林姑娘庙仍存，每年要举行祭祀仪式。华侨的努力使北大年很快便繁荣起来。华侨对暹罗航运业的发展起过很大的作用。17世纪暹罗开往日本和爪哇的船只很多，几乎船上都有中国水手。

日本也有不少中国侨民。明朝政府实行"海禁"，因而海上走私集团盛行一时。有的走私集团就以日本为基地，不少走私商人和水手就在日本定居下来。例如16世纪中叶著名的海上走私集团领袖王直，就在日本平户居住达15年之久。17世纪初，中国商船重新去日本贸易，而且逐年增多，商人、水手侨居日本的也就多起来了。最有名的是福建郑芝龙，他在平户娶妻生子。还有担任"唐通事"（汉语翻译）的冯六、马荣字、陈九官等，他们大都通晓日、汉两种语言，得到日本幕府（古时日本一种权力高于天皇之上的中央政府）批准，侨居在日本对外贸易港长崎市内，并加入日本籍，当时称为"住宅唐人"，他们的子孙也都世袭通事之职。日本华侨中还有不少僧侣。明代前期和中期，都有一些中国僧侣到日本。17 世纪 20 年代，来到日本的商船以南京、漳州、福州三地为多，三地商船的船主们为了祈求海上的平安，分别在长崎建立了兴福寺（南京寺）、福济寺（漳州寺）和崇福寺（福州寺），俗称唐三寺。三寺都必须请中国僧人当住持。因此，中国僧人到日本的比过去增多了。

移居东南亚各地的华侨，绝大多数都是劳动人民，其中有农民、小商贩、手工业者、水手等。他们对东南亚许多地区的开发和工农业生产的发展起了积极的作用。他们和当地人民友好相处，互相帮助，有许多人还参加了当地人民反对西方殖民者的斗争，并在斗争中进一步加深了彼此的友谊。

随着中国丝绸传入西半球之后，中国人也来到了美洲。他们最初定居于墨西哥等地，据有的记载说，早在 16 世纪，墨西哥城已有了唐人街。在当地一些纺织工场中，曾有中国工匠在此工作。后来，美国也有了华人的踪迹。还有的记载说，1571—1748 年，已有华人在加利福尼亚造船。也有记载说，1788 年美国西部已有华人。

五、灿烂的海上丝路前程

海上丝绸之路的开辟，是我国劳动人民智慧的结晶。一次又一次的航行，一次又一次的探索，终于开通了这条美丽的通道，把中国和世界连通了起来。中国的商品运到了世界各国，中国高水平的科学技术也传到了国外。同时，中国人民也学到了世界上其他国家的许多东西。所以，可以这样说，海上丝绸之路是连接中国人民和世界其他国家人民感情的纽带。

古代尚如此，今天更可观。尽管在今天的中国和世界各地，都发生了翻天覆地的变化，航海对于各国来说都是一件容易的事情，船不再是那古老的船，也不再用那古老的罗盘针了，但这条美丽的海上丝绸之路仍在沟通着友谊，而且这条路越走越宽广了。

通过这条美丽的通道，我们和世界上的许多国家建立了经济、文化的联系。

近年来，曾于南宋初期通过海上丝绸之路向外运送瓷器而失事的沉船"南海一号"，在沉没800多年后的今天终于被整体"托出"海面。"南海一号"的发现和打捞，意义深远。因为"南海一号"不仅正处于海上丝绸之路的航道，而且它的"藏品"数量及种类都异常丰富和可贵，见证了这条海上通道的辉煌历史。

这条美丽的通道告诉我们：我们从古代中华文明对世界进步的重大影响中受到鼓舞，感到自豪，使我们不至于妄自菲薄。同时，也不应该无端自大、故步自封。我们应该勇于和善于吸取世界文明中一切优秀的成果，借他人的智慧，把自己不断充实起来，创造出更加灿烂的社会主义文明。

中国人民一向以勤劳、勇敢、智慧著称于世。相信未来的中国，一定会更加繁荣昌盛！

（说明：本书使用的个别图片无法与原作者取得联系，在此表示歉意，敬请原作者及时与我社联系，我社将按照有关标准支付报酬。）